AF145421

Bianka Tewes

Miezen-Minna

Ein Tagebuch

aus der

Weltherrschaft

der Katzen

Bibliografische Information der Deutschen Nationalbibliothek:
Die deutsche Nationalbibliothek verzeichnet
diese Publikation in der Deutschen Nationalbibliografie;
detaillierte bibliografische Daten sind
im Internet unter www.dnb.de abrufbar.

Herstellung und Verlag:
BoD – Books on Demand, Norderstedt

ISBN 978-3-7322-9182-3

Mensch und Katze:
Eine kurze Kulturgeschichte der Domestikation
vom Neolithikum bis zur Neuzeit

Der Mensch ist kein allzu schneller Läufer und mag
gerne Koteletts. Diese Konstellation ungünstiger Eigenschaften setzte vor etwa 15.000 Jahren eine fatale Ketten-
reaktion in Gang. Da wanzte sich der Mensch nämlich an
den Wolf heran. Der Wolf ist durchaus ein schneller Läufer und mag wie der Mensch gerne Koteletts, weswegen
der Mensch den Wolf domestizierte, damit er selbst nicht
immer so schnell rennen musste, um seine Koteletts zu
erlegen, die ja damals noch nicht abgepackt in der Tiefkühlung im Supermarkt herum lagen, sondern sich noch
an Tieren befanden, die sie nicht freiwillig herausrücken
mochten.

Mit der Zeit wurde der Mensch immer fauler, und der
Wolf degenerierte zum Hund und orientierte sich am
Herrchen. Da immer noch keiner die Tiefkühlung und
den Supermarkt erfunden hatte, domestizierte der Mensch
für sich und den Hund nach etwa 4.000 Jahren des gemeinschaftlichen Kotelettjagens das Schaf. Eine Weile
zogen Mensch, Hund und Schaf gemeinsam um die Häu-
ser, bis ihnen auffiel, dass es die ja noch gar nicht gab.
Darum fing der Mensch flugs an, welche zu bauen, in
denen er dann auch zu wohnen begann.

Mittlerweile waren Mensch und Hund den ewigen
Hammeleintopf leid und domestizierten das Rind. Da die
ganzen Rinder und Schafe etwas essen mussten, um zu
anständigen Koteletts heranzuwachsen, baute der Mensch
allerhand Gemüse und Getreide an.

Etwa um den Dreh kam die Katze vorbei spaziert. Die
Katze setzte sich erst mal hin und beobachtete das son-
derbare Treiben. Katzen können sehr lange irgendwo

sitzen und was beobachten. Wenn es ihnen sinnvoll erscheint, sitzen sie auch schon mal ein paar tausend Jahre auf einem Platz, starren vor sich hin und denken nach.

Die Katze hatte bis dato einen recht eintönigen Speiseplan, auf dem überwiegend Maus stand. Über Domestikation hatte sie sich noch nie Gedanken gemacht. Als sie jetzt das symbiotische Zusammenleben von Mensch, Hund, Schaf und Rind so sah, fand sie die Idee aber gar nicht so verkehrt. Die Katze sah noch eine Weile zu und machte sich ihre Gedanken. Als sie zu Ende gedacht hatte, stand sie auf, ging nach Ägypten und begann damit, den Menschen zu domestizieren.

Der Mensch erwies sich als ein prima Nutztier. Er schaufelte Unmengen von Getreide in überdachte Speicher, damit die Katze im Warmen und Trockenen ihre Mäuse fangen konnte. Der Mensch, der von der Überlegenheit der Katze nach Nutztierart schwer beeindruckt war, verehrte sie in Tempeln und baute ihr Denkmäler. Nutztiere sind ja häufig intellektuell etwas simpel gestrickt.

Da es in Ägypten grade so gut lief, beschloss die Katze, den Rest der Welt auch noch zu erobern. An Bord der phönizischen Handelsflotte schiffte sie sich nach Europa ein, um den noch recht ursprünglich dort lebenden Menschen ebenfalls zu kultivieren, was ihr bei den Griechen noch recht anständig gelang. Die Griechen begannen unter dem Einfluss der Katze zu dichten und zu musizieren, erfanden die Demokratie und machten sich allerhand Gedanken um das Leben und das alles. Beflügelt zog die Katze weiter zu den Römern.

Und hier fing es langsam an schief zu laufen. Die Römer waren ein recht pragmatischer Haufen. Zwar erfanden sie die Straße und das Abwassersystem, aber viel lieber zogen sie durch die Weltgeschichte und versklavten andere Völker. Obwohl sich die Katze alle Mühe gab, bekam sie die Römer nicht so recht in den Griff. Eine Weile zog sie noch mit ihnen durch die Lande und bemühte sich weiter um ihre Domestikation, aber schließlich wurde es ihr zu blöd, und sie verteilte sich über Europa und versuchte es bei formbareren Völkern.

Leider erwiesen sich die anderen europäischen Völker als noch viel primitiver als die Römer. Die Katze war ein wenig deprimiert. Dabei hatte es bei den Griechen so gut angefangen! Aber die Europäer wurden immer bekloppter, glaubten an Hexen und Teufel und waren einfach nicht offen für den positiven Einfluss der Katze. Anstatt ihr, wie die Ägypter, eigene Tempel zu bauen, verdächtigten die abergläubischen Europäer des Mittelalters die Katze der Buhlschaft mit irgendwelchen imaginären finsteren Mächten, von denen sie ganz besessen waren.

Beleidigt zog die Katze sich zurück und überließ die Europäer für etwa zweihundert Jahre ihrem Schicksal. Sollten sie doch sehen, wie sie ohne den kultivierenden Einfluss der Katze klar kamen!

Und in der Tat kamen die Europäer bald schon gar nicht mehr klar. Sie schaufelten, ganz wie die Ägypter, haufenweise Getreide in ihre Speicher, über das dann die ganzen Mäuse und Ratten mit ihren schmutzigen Füßen liefen und auf diese Weise Krankheit und Not verbreiteten. Schließlich sahen die Europäer aber ein, dass das wohl ganz großer Murks gewesen war mit den Hexen und Teufeln und den finsteren Mächten, und da sie endlich einsichtig waren, kehrte die Katze gnädigerweise zurück und diktierte Herrn Kant die Kritik der reinen Vernunft.

Nachdem sie so für Aufklärung gesorgt hatte, legte die Katze einen Zahn zu. Immer nur Mäuse mit dreckigen Füßen zu essen, damit das Nutztier Mensch nicht krank wurde, davon hatte die Katze eigentlich schon lange die Nase voll. Sie industrialisierte den Menschen, der nun damit begann, seine Schafe, Rinder und Schweine in Dosen zu pressen und sie der Katze zu kredenzen, um ihren seit Jahrtausenden wenig kreativen Speiseplan angemessen zu bereichern.

Im einundzwanzigsten Jahrhundert ist die Domestikation des Menschen so gut wie abgeschlossen. Er hat gelernt, die Bedürfnisse der Katze zu erkennen und zu erfüllen. In seinen Häusern stehen weiche Betten und kuschelige Sofas, auf denen die Katze ruht, während der Mensch arbeitet, um das viele Geld für ihr Futter zu verdienen, das mittlerweile in mundgerechten Häppchen und in Gelee gebadet für sie abgefüllt wird ...

Ich bin absolut kein spontaner Typ. Ganz im Gegenteil. Ich habe ganze zehn Jahre gebraucht, bis ich mich dazu durchgerungen habe, mir ein Nanoaquarium mit Zwerggarnelen zuzulegen. Sowas will ja gut und reiflich überlegt sein. Man schafft sich nicht einfach so mal eben auf die Schnelle ein Tier an.

Wieso ich mich gestern auf einmal mit einem Leihkennel und einem Fritz darin vor dem Tierheim wiederfand, kann ich im Nachhinein auch nicht mehr so wirklich rekonstruieren. Okay, ich habe schon länger über eine dritte Katze nachgedacht. Ich habe einen tauben vierjährigen Flori und Lilly, die zwölfjährige Katzenversion eines launischen Super-Models. Nicht gerade eine Kombination, die von führenden Katzenexperten empfohlen wird. Von solcherlei Empfehlungen wissen aber die Diva und der Trottel nichts und führen eine überaus harmonische Beziehung.

Dennoch deuchte es mich artgerechter, dem immer mehr zum Muttersöhnchen mutierenden Kater einen Kerl in seinem Alter zuzugesellen. Drei geschlagene Jahre lang deuchte mich das – was immerhin noch gar nichts ist im Vergleich zur Dauer meiner Entscheidungsfindung hinsichtlich der Nanoaquaristik.

Und nun das. Flori entwickelte eine plötzliche Antipathie gegen Häppchen in Gelee, für die er bislang gemordet hätte, und ich packte eine stattliche Anzahl Dosen des verschmähten Fraßes frohgemut ins Auto und karrte meine Futterspende ins Tierheim.

Im Nachhinein glaube ich, ich habe auf die Frage: „Kannst du nicht noch 'ne Katze nehmen?" leichtsinnigerweise geantwortet: „Also in meinem Mietvertrag steht ja, ich darf drei halten ..."

Und als nächstes stand ich irgendwie vor dem Tor und hatte einen miauenden Kennel in der Hand. Unspontan wie ich nun mal bin, machte ich mir noch beim Aufschließen der Wohnungstür Gedanken darüber, wo um alles in der Welt ich den quäkenden Kerl denn nun eigentlich zwischenparken sollte. Schlafzimmer? Lilly und Flori würden mir nachts die Tür einrennen. Bad? Und einfach ein paar Tage nicht mehr duschen, weil ich ja das Fenster nicht auf Kipp stellen kann, solange ein Fritz umher geht und Gefahr läuft, den klassischen Katzentod der Moderne eingeklemmt im Kippfenster zu sterben.

Fritz und Flori indes sind keine Verfechter eines langsamen Kennenlernprozesses. Kaum war ich mit dem Kennel drin, wurde beiderseits durch das Gitter genäselt (die Primadonna hatte sich erst mal auf den Kleiderschrank verzogen, damit hatte sich die Schlafzimmer-Option gleich erledigt.) Ich machte einfach den Kennel auf. Fritz begann sogleich damit, sein neues Reich zu erkunden und alles mit erstaunten Ausrufen zu kommentieren, während Flori sich für die Europameisterschaft im Dauerknurren qualifizierte.

Nach einer langen Nacht mit ununterbrochenem „Mau!" einerseits und ununterbrochenem „Rrrrrrrr!" andererseits kehrte gegen Morgen endlich Ruhe ein – nachdem man mich zwecks Frühstück um halb sechs aus dem Bett getretelt hatte. Fritz sank erschöpft unter dem Couchtisch nieder, und Flori ging zur Tagesordnung über: Schränke ausräumen, auf dem Balkon Lieder für die Nachbarschaft singen, mein in der Wohnung überwinterndes Fahrrad technischen Überprüfungen unterziehen. Lilly stieg ab und an vom Schrank herunter, regte sich ein bisschen über Fritz auf und beschäftigte sich dann wieder mit ihren Hobbys – Obst ablecken, sich auf meinen Schuhen wälzen.

Die Kater haben sich schnell zusammengerauft. Dass man zwei Hände braucht, um einen Kater aus der Gefährdungszone für den Abendbrotteller zu heben, haben sie rasch erkannt und sich zur Teambildung entschlossen. So ein in Teamarbeit erbeutetes Käsebrot ist immerhin ein schönes Gemeinschaftserlebnis. Ich nehme derweil ab und bin total froh, einmal in meinem Leben etwas spontan entschieden zu haben.

25. November 2012

Fritz hat sich hervorragend akklimatisiert, ein erfreulicher Verlauf, der unbedingt fotografisch dokumentiert werden sollte. Heute Morgen: Das Tier schlummert unter dem Couchtisch, ein entzückendes Bild friedlichster Unschuld. Also flugs die Kamera geholt und ein Bild gemacht. Unterdessen pirscht sich Tunichtgut Nr. 2 von hinten an und verkrallt sich in die Halteschlaufe der Kamera. Während ich versuche, dem Unhold die Kamera aus den Pfoten zu winden, amüsiert sich Fritz damit, Flori in den Schwanz zu zwacken, der daraufhin – vorne mit den Krallen an der Kameraschlaufe hängend und von hinten gepiesackt – entrüstet losmeckert. Worauf Fritz, der vergessen hat, dass er noch unter dem Couchtisch hockt, einen Hüpfer tut und lautstark mit dem Schädel an die Tischplatte knallt.

Autsch! Nun kommt Nr. 3 dazu, die Mutter der Kompanie, aufgrund ihres Alters schon ein bisschen verwirrt und demzufolge ohne den nötigen Überblick in tumultartigen Situationen, aber von dem dringenden Wunsch beseelt, sofort und nachdrücklich für Ruhe zu sorgen. Der übliche Sündenbock für meckernde Floris und wehe Fritze ist schnell ausgemacht (ich – im Zweifelsfalle bin ich immer an allem schuld), per Pfotenhieb gezüchtigt und wütend angeknurrt. Fritz darf zum Trost an Lillys Popo riechen, bis ihr wieder einfällt, dass sie den Neuen gar nicht leiden kann und der eigentlich auch noch eine Ohrfeige vertragen könnte.

Madame schreitet nach erfolgter Tat hoch erhobenen Hauptes von dannen, ich tupfe mir das Blut von der Hand, Fritz versteht die Weiber nicht und Flori hat wie üblich den Rest des Dramas gar nicht mitgekriegt, weil er die Kamera weggeschleppt hat.

Ich mache jetzt die Schlaufe ab und warte auf die nächste Gelegenheit.

26. November 2012

Mein Super-Model diätet, wenn auch unfreiwillig. Als echte Diva speist man niemals gemeinsam mit dem Pöbel in der Küche, sondern überlegt sich bei jeder Mahlzeit von neuem, wo man sie einzunehmen gedenkt. Mal ist der Küchentisch genehm, mal der Wohnzimmerteppich, und wenn man ganz für sich sein will, so hat das Personal gefälligst im Schlafgemach die Speise zu kredenzen. Das Personal kommt sich auch nur ein ganz kleines bisschen bescheuert vor, wenn es Madame mit einem Teller Katzenfutter geduldig durch die Wohnung folgt und dabei unablässig flötet: „Lilly kooomm Lilly feeeiin Lilly feines Futter!" Madame speist nämlich auch nicht ohne Ansprache.

Blöderweise ist Fritz nicht taub, so wie Flori. Soviel hat sein kleines Katzenhirn schon in Frauchens merkwürdiges Gebaren rein interpretiert: Wenn man sich schnell genug sein Futter reinschlägt, muss man nur dahin rennen, wo es „Lilly fein" flötet, da geht dann nämlich bald ein weiterer Teller nieder.

Und da es zu Madames zahlreichen Capricen zählt, ihren Teller anzustarren und zu überlegen, ob sie nicht doch lieber Geflügel möchte, bereichert sie das Spektrum meiner abendlichen Tätigkeiten um eine weitere peinliche Nuance. Im Gegensatz zu Flori, der stets respektvoll verharrt, solange Lilly noch vor ihrem Teller meditiert, kennt Fritz überhaupt keine Hemmungen, sondern stürzt sich ungeniert auf das vermeintlich Verschmähte. Lilly wendet sich empört und angewidert ab, ich reiße Fritz den

Teller weg und drehe eine weitere Runde „Lilly komm Lilly fein!"

Unsere allabendliche Polonaise: Vorneweg die beleidigte Diva, der ich flötend und Teller tragend hinterher latsche, und im Schlepptau die Kater unter lautstarken Bekundungen, Verwendung für das Verschmähte zu haben ... Das darf echt keiner sehen.

27. November 2012

Heute gab es ausnahmsweise keine Polonaise. Als ich gerade mit Madames Teller in Richtung Wohnzimmer losstiefeln wollte, stolperte ich in der Küche fast über ein Terracottafliesen-Lilly-Mimikry.

Lilly ist eine Schildpatt-Katze. Sie weiß, dass sie dieselbe Farbe hat wie die Fliesen. Sie versucht regelmäßig, mir die Beine zu brechen, ich schwör's. Heute ist uns halt mal danach, beim Gesinde in der Küche zu tafeln, na und? Und jetzt stell den Teller hin!

Fritz war noch leicht derangiert von einem nachmittäglichen Nervenzusammenbruch, den er angesichts des Staubsaugers erlitten hatte, und sah von einer feindlichen Übernahme des Tellers erst mal ab. Es ist unbegreiflich, wieso PETA jeden Mist anprangert, weltweite haustierverstörende Missstände wie den tierquälerischen Einsatz von Staubsaugern aber geflissentlich ignoriert.

Dafür kam Flori angewalzt, während die Diva noch ihr Dinner mümmelte, und hat vermutlich gerülpst oder Essensreste zwischen den Zähnen gehabt; jedenfalls verging der Dame gleich der Appetit, und sie verließ ihren noch nicht geleerten Teller unter entrüstetem Geschnatter.

Fritz ging noch mal in sich und kam zu dem Schluss, dass das Trauma nunmehr überwunden sei und Flori eine kleine Diät auch mal nicht schaden würde. Es kam zum High Noon über Lillys verlassenem Futterteller und einem

Knurrduell Nase an Nase – bis ich den Sheriff gab und die Überreste von Lillys Abendbrot gerecht auf zwei Tellern verteilte.

Ach, mein ruhiges, beschauliches Leben, wo bist du nur hin?

29. November 2012

Madame ist derzeit unpässlich und ich wie üblich in heller Aufregung: Die Diva hat erbrochen und mochte danach nichts mehr zu sich nehmen.

Zu Lillys herausragenden Persönlichkeitsmerkmalen zählt auch die strikte Weigerung, sich von irgendwem anfassen zu lassen – einschließlich mir. Diese liebenswerte Eigenart macht den Tierarztbesuch zu einer gefahrvollen Aktion, die gut durchorganisiert sein will. Ein Kescher muss vom Tierschutzverein besorgt werden und ein Termin mit meinem Vater ausgemacht sein, der die undankbare Aufgabe hat, sich bei der Primadonna vollends unbeliebt zu machen – ich bin viel zu ungeschickt mit dem Kescher und müsste wahrscheinlich noch vor Lilly in die Notaufnahme. Kaum sind alle Vorbereitungen getroffen – der Kescher vom zehn Kilometer entfernten Verein besorgt, der Vater abgeholt, die Tierarztpraxis vorgewarnt und die Lockleberwurst gekauft –, kommt es bei der kranken Diva für gewöhnlich zur wundersamen Spontanheilung.

Auch diesmal, was für ein Glück ... heute geht es ihr besser. Manchmal argwöhne ich ja, dass Madame meine Vergleiche aus der Welt der Top Models ein bisschen arg verinnerlicht hat und mit einem ungesunden Essverhalten liebäugelt.

Gestern gab es übrigens angesichts von Lillys Magenbeschwerden frisches Katzengras, was bei Fritz eine Sinnkrise auslöste: Waaas, Gras?! GRAS soll ich essen? Ich zieh wieder aus!

1. Dezember 2012

Ein echtes Top Model wird man nur, wenn man hart zu sich selbst ist. Die Primadonna hat sich mit eiserner Disziplin ein bisschen Futter rein gewürgt, um das Damoklesschwert des Keschers von sich abzuwenden, nur um einen Tag später – als beim kescherführenden Verein keiner da war – erneut in den Hungerstreik zu treten.

Leider ist das Personal mittlerweile erfahren im Umgang mit der launischen Diva und ihren intriganten Tricks. Heute Morgen rollte unaufhaltsam das Hilfskommando, die im Schlafzimmer kasernierte Dame wurde gekeschert und zum Tierarzt verfrachtet, wo man sie ungeheuerlicherweise auch noch mit einer Spritze traktierte. Nun heißt es hoffen und bangen, dass sie sich unladylike wieder über ihren Teller hermacht, ansonsten wird sie Anfang der Woche wieder eingetütet und der Veterinärmedizin zum Opfer gebracht.

An der Katerfront hingegen feiert die Anarchie fröhliche Urständ. Gestern Morgen bot sich mir in der Küche ein Bild der Verwüstung.

Ich hatte Lillys verschmähtes Futter kurz im Schrank zwischengeparkt – zugegeben eine blöde Idee, wenn man einen Tom Cruise der „Mission Schranktür Impossible" beherbergt. Der Meister aller Schrankscharniere nutzte einen Badezimmeraufenthalt des Wachpersonals, um die Schranktür aufzupopeln und auf der Suche nach der duftenden Verheißung die Dose mit dem Grümmelkandis umzukippen. Man glaubt gar nicht, was für eine enorme Streuwirkung 200 Gramm Grümmelkandis haben, bis man einen Kater hat, der sehr eigene Vorstellungen von unter den Schuhen knirschenden Fußbodenbelägen zur Schaffung einer weihnachtlichen Atmosphäre hat ...

Mein letzter Urlaubsabend. Madame hat ein wenig Frühstück, Mittag und Abendbrot zu sich genommen und würde, wenn sie könnte, High Heels nach dem Personal schmeißen, das ihr den ganzen Tag besorgt hinterher schleicht und indiskrete Fragen stellt wie: „Hast du Herzrasen, du atmest so schnell? Sag mal, hältst du dein Köpfchen schief? Tut dir was weh, du guckst so komisch?" (Pass mal auf, was DIR gleich weh tut, wenn DU weiter so komisch guckst.)

In der vergangenen Nacht kam es übrigens zu paranormalen Phänomenen im Haushalt. Das Personal war auf die selten blöde Idee gekommen, der siechenden Diva Hühnersuppe kredenzen zu wollen, und hatte zu diesem Zwecke in einem Laden, der billig Kram aus Haushaltsauflösungen verhökert, eine Suppentasse erworben. Vier sagenhaft günstige Eierbecher aus Markenporzellan durften auch mit.

Mit sowas muss man ja vorsichtig sein. Das sollte man als Fan von Gruselfilmen, die damit anfangen, dass jemand einen harmlos wirkenden Gegenstand in einem Trödelladen kauft, eigentlich wissen. Mitten in der Nacht wurde das Personal von einem unheimlichen Knarren und Quietschen geweckt: Eine Küchenschranktür ward wie von Geisterhand geöffnet, es rumpelte und rumorte, und dann ... dann flog ein Eierbecher raus! Von ganz alleine! Flori hat das nämlich mit eigenen Augen gesehen. Als das Personal in die Küche kam und angesichts der sinnlosen Eierbecherzerstörung einen Tobsuchtsanfall kriegte, saß er unter dem Küchentisch und machte ein so unschuldiges Gesicht, dass nur ein emotional verkrüppelter Mensch ihn für den Übeltäter halten könnte. Iiiich??! Nein, ich war das nicht! Das ist von ganz alleine rausgefallen, ich schwör's!

Besorgt angesichts der vielen Eierbecherscherben wollte das Personal Floris zarte rosa Füße untersuchen, zog jedoch ein beißendes, strampelndes Etwas unter dem Küchentisch hervor, das so gar keine Ähnlichkeit mehr mit dem unschuldigen kleinen Liebling hatte. Die dämonische Präsenz, die die Eierbecher aus dem Schrank geworfen hatte, war ganz offensichtlich in Flori gefahren.

Aber hey – ich hab drei Katzen, dagegen ist so ein blöder Dämon doch ein Furz! Vor meinem energischen: „Jetzt wird nicht gezappelt, die Mama guckt jetzt deine Füße nach!" ist das feige Aas sofort durch den Kamin gefahren und ward vorerst nicht mehr gesehen. Es war wohl beleidigt.

Oder es hatte Angst vor Lilly, die bereits wieder wutentbrannt im Anmarsch war. Eine Angst, die ich nachvollziehen kann. Lilly wird jedes Mal fuchsteufelswild, wenn man an Flori rumfuhrwerkt, und wenn ich an Flori rumfuhrwerke und Lilly ist im Anmarsch, dann würde ich auch gerne durch den Kamin fahren können wie ein verängstigter Dämon. Stattdessen werde ich ins Knie gebissen. Lilly hat zwar keine Zähne mehr, aber trotzdem. Lilly kann einem auch ohne Zähne so ins Knie beißen, dass einem angst und bange wird.

Vandalismus im Doppelpack, eine launische Diva und nun auch noch Paranormal Activies. Mir bleibt auch nichts erspart.

8. Dezember 2012

Eine Woche unheimlicher Vorkommnisse im Haus der Lady Lilly liegt hinter uns ... die Levitationstendenzen bei den Eierbechern haben glücklicherweise nachgelassen, und der Dämon hat wohl ein für allemal vor Lilly die Flucht ergriffen.

Viel furchteinflößender als das ganze Dämonen- und Poltergeistzeugs war aber die Persönlichkeitsveränderung, die mit Lilly nach dem Tierarztbesuch vor sich ging. Keine

Futterpolonaise, kein stundenlanges „Lilly feeeiiinnn" – Futter auf den Teller, Teller vor Lilly, Lilly – frisst.

Das hat sie doch noch nie gemacht! In all den Jahren hat sie doch alles Mögliche gemacht, aber noch nie einfach so gegessen, was man vor sie hinstellt. Was zur Hölle hat der Tierarzt ihr gespritzt? Testosteron? Wieso um alles in der Welt frisst meine Diva plötzlich wie ein – Kater?

Erst heute Morgen normalisierte sich die Situation: Futter auf Teller, Teller vor Lilly, Lilly – frisst nicht. Puh! Naserümpfen, angewidertes Abwenden, vorwurfsvolle Blicke auf den Futterschrank – „das mag ich nicht!" „Aber gestern mochtest du es doch noch ..." „Ja na und? Das war gestern! Heute mag ich es eben nicht mehr!"

Okay, natürlich, selbstverständlich, das muss man akzeptieren, dann kriegt sie eben was anderes. Endlich, endlich ist mein Super Model wieder sie selbst, und ich muss mir keine Sorgen mehr machen.

Es reicht ja wohl schon, wenn die beiden Jungs sich aufführen wie die Hottentotten, von denen man zwar nicht weiß, wie sie sich aufführen und wer oder was die Hottentotten eigentlich sind, aber ich vermute mal ganz stark, dass der schlechte Ruf der Hottentotten darauf zurückzuführen ist, dass sie morgens auch immer in Horden auf der Spüle standen und sich an einer kollektiven Kräuterfrischkäsebecherentführung versuchten ...

9. Dezember 2012

Ich glaube, Flori wünscht sich noch ein Brüderchen! Heute gab es zum sonntäglichen Abendessen für jeden ein kleines Beutelchen mit irgendwelchen Häppchen (diesmal in Sauce), die der kleine Racker sich freudig und viel zu hastig einverleibte, um sodann schwankenden Leibes zu Lilly zu wanken, sich vor ihr niederzulassen – und sich in einem heftigen Schwall auf die vor dem Couchtisch liegende Fernsehzeitung zu übergeben, was mich zeitgleich mit mehreren gefährlichen Problemlagen konfrontierte.

1.: Die Kotzlache wabert gerade an das Buch aus der Leihbücherei heran.

2.: Wenn ich jetzt was mache, frisst er Lillys Teller auch noch leer und kotzt wieder.

3.: Wenn er das jetzt einfach nochmal frisst, muss ich auch kotzen.

4.: Fritz ist im Anmarsch. Wenn FRITZ das jetzt –

Ich entschied mich spontan für die Rettung des Buches. Okay, ich habe drei Katzen, davon eine echte Primadonna, und in meiner Wohnung hausen auch noch Eierbecher werfende Dämonen, aber es gibt ein Wesen auf dieser Welt, das selbst diese Anballung höllischer Ausgeburten wie liebliche Lämmlein aussehen lässt – und das ist der Drachen aus der Leihbücherei! Die Szene, die sie mir gemacht hat, bloß weil mir ein Fässchen Maiglöckchen-Füllhalter-Tinte über so ein blödes Kunstbuch gelaufen ist, hat Roland Emmerich später für „Independence Day" verfilmt ... folgerichtig rettete ich zuerst das Buch, rannte dann mit der besudelten Zeitschrift zum Klo und regte mich danach erst auf, weil Flori zwischenzeitlich Lillys Teller erobert und halb leer gefressen hatte:

„Und wenn du das jetzt auch wieder auskotzt ... Glaub ja nicht, dass ich wieder ins Tierheim fahre und diese blöden Häppchentüten da abgebe, damit noch mehr von eurer Sorte mir die Hütte verwüsten!"

16. Dezember 2012

Trotz seiner lebensgefährlichen Nebentätigkeit als amtlich bestellter Lillyfänger konnte mein Vater gestern seinen siebzigsten Geburtstag feiern. Es gab ein leckeres Buffet, die Gäste waren hochzufrieden, der Empfang beim abendlichen Heimkommen jedoch mehr als frostig.

Aus Katzensicht stellen abendliche Familienfeiern eine unzumutbare Störung der häuslichen Routine dar.

Nicht, dass ich erst zu nachtschlafender Zeit nach Hause gekommen wäre, oh nein. Dennoch wurde die ungewohnte Heimkehrzeit zuerst mit einer Extra-Toberunde seitens der Kater honoriert, und als ich endlich im Bett lag und gerade eingeschlummert war, kam Lilly auf die fabelhafte Idee, die Dielenschranktür aufzupföteln und sich hinein zu zwängen, um meine Stiefel einer eingehenden Inspektion zu unterziehen. Wieso sie Türen, die sie von außen aufgepfötelt hat, ums Verrecken nicht einfach von innen wieder aufschieben kann, bleibt ihr Geheimnis; jedenfalls besteht sie darauf, vom schlafenden Personal wieder heraus gelassen zu werden. Und diesen Anspruch vertritt sie lautstark und mit Nachdruck.

Aber ich stehe ja gerne mitten in der Nacht auf, um die motzende Diva aus irgendwelchen Schränken zu holen. Schließlich werde ich spätestens um fünf von Flori wach getretet, der wissen möchte, ob ich auch nicht mehr schlafen kann. Weil, wenn nicht, dann hätte er wohl schon Hunger.

Worüber wir alle sehr froh sind, denn um ein Haar wäre Flori vorgestern erfroren. Jawohl, erfroren! Aufgrund einer unverzeihlichen Nachlässigkeit des Personals einen vermeidbaren Kältetod gestorben!

Schuld an allem war aber eigentlich Fritz. Niemand weiß, woher Fritz gekommen ist, aber fest steht, dass dort nicht viel los gewesen sein kann, denn Fritz findet alles höchst erstaunlich und vieles sehr befremdlich. Fußgänger zum Beispiel oder Rollläden oder Schnee. Seit er auf dem Balkon in Schnee getreten ist, geht er da nicht mehr raus!

Flori hingegen freut sich über Schnee, weswegen ich ihm unlängst ein Häufchen Spaßmasse ins Katzengehege schaufelte, in das Flori vergnügt hinein sprang. Ich schloss unterdes die Balkontür und machte mich an die Fritztherapie, indem ich jenseits der sicheren Barriere das phobische Tier auf den Arm nahm und ihn einen Blick auf seinen im Schnee herum tollenden Kollegen werfen ließ. Fritz war das nicht geheuer, und er ging lieber mit mir in die warme Küche. Von dort aus schauten wir zu, wie Flori seine lustigen Späße an der Balkontür trieb, die Katzenklappe bepfötelte und Klimmzüge an der Scheibe machte.

Ich benötigte gedankenlose drei Minuten, um zu realisieren, dass die Katzenklappe noch verriegelt war. Drei Minuten, in denen der arme Flori draußen im Schneesturm bei minus drei Grad um sein Leben kämpfte, seine kleinen rosa Pfötchen hilflos an die Klappe presste und verzweifelte Blicke durch die Scheibe warf! Ganz klar – Mama hatte jetzt den Fritz, und ihn hatten sie rausgeschmissen. Gebrochen verkroch sich Flori unter der Bank und schloss mit seinem jungen Leben ab.

Ich schämte mich wesentlich länger als die zwanzig Sekunden, die Flori brauchte, um das ihm angetane Unrecht über einem Trostlöffel Hüttenkäse zu verarbeiten und sich sodann mit meinem kurz unbeaufsichtigten Frühstücksei zu verlustieren. Hätte jemand den Tierschutz gerufen – ich hätte es verdient!

17. Dezember 2012

Auf meiner sonntäglichen To-Do-List steht auch die Pflege des Nanoaquariums. Eine nervenaufreibende Tätigkeit, da diesmal das Freikratzen der leicht algenverkrusteten Scheiben anstand. Auf die wie üblich unerklärliche Weise war das dazu vorgesehene Aquarienwerkzeug irgendwie vom Schrank gefallen und dabei entzwei gebrochen, weswegen ich es beim letzten Besuch im Drogeriemarkt kurz entschlossen durch einen schnöden Ceranfeldschaber ersetzte. Der ist genau so effektiv, aber viel billiger. Nun sind die Aquarienbewohner aus der Gattung der Zehnfußkrebse insoweit katzenähnlich, als sie immer sogleich neugierig angepaddelt kommen, wenn irgendwas in ihrem Territorium passiert, und wenn man mit einem Werkzeug mit Rasierklinge hantiert, ist das eine ganz schön heikle Angelegenheit ...

Immerhin, die Säuberungsaktion verlief ohne Garnelengeschnetzeltes, allerdings war jetzt der Kies voller schwärzlicher Algenreste. Pfui. Aber wozu hat man einen aus einer großen Spritze und einem Stück Aquarienschlauch selbst gebastelten Mulmsauger?

Und da war sie endlich, die Antwort auf die Frage, die mich seit Tagen umtrieb: Woher kommt eigentlich das Stück Aquarienschlauch, das Fritz ständig stolz mit sich rumschleppt?

Mein Mulmsauger jedenfalls war weg. Auf die vorwurfsvolle Frage an das träumende Tier, ob es Mamas Mulmsauger vielleicht irgendwo gesehen habe, wurde ich nur mit einem trägen Blick aus einem schläfrig geöffneten Auge bedacht: Mulmsauger? Nö – hab ich nicht gesehen!

Auch Flori hatte das dringend gesuchte Utensil nirgendwo gesichtet, erklärte sich aber im Gegensatz zu seinem faulen Kollegen immerhin bereit, mich bei der Suche tatkräftig zu unterstützen. Ich konnte mir zwar beim besten Willen nicht vorstellen, wie der Mulmsauger ausgerechnet in den Schrank mit den Versicherungsordnern gelangt sein soll, aber ich wollte das hilfsbereite Tier in seinem Enthusiasmus auch nicht bremsen, weil ich so etwas für pädagogisch unklug halte.

Ich sammelte halt das ganze Papier wieder ein und packte es zurück in den Schrank. Und dann konnte ich immer noch auf allen vieren durch die Wohnung kriechen und mit der Taschenlampe unter alle Möbel leuchten – irgendwo mussten die demontierten Reste meines Mulmsaugers doch zu finden sein!

Der häusliche Alltag bietet dem talentierten Haustier eine Vielzahl an Entfaltungsmöglichkeiten. Flori, mein kleiner Schatz, wusste mit einer ausgefeilten Strategie zur feindlichen Übernahme einer unbeaufsichtigten Futterdose zu überraschen.

Teil eins der Planung bestand in der geschickten Nutzung der sanitären Katzenanlage. Flori hat da seine ganz eigene Technik: Zunächst wird der Klogang lautstark angekündigt. Alsdann wird unter enormem Radau ein Loch gegraben, das anschließend begutachtet, für schlecht befunden und wieder zugescharrt wird. Dieser Vorgang wird etwa 25 Mal wiederholt, vorzugsweise gegen fünf Uhr morgens. Sobald der gesamte Hausstand auf diese Weise wach geworden ist, teilt Flori der Welt mit, dass das nun gegrabene Loch seinen Anforderungen genügt und er somit zur Tat zu schreiten gedenkt. Nach geräuschvollem etwa dreißigmaligen Hin- und Herdrehen ist es endlich geschafft, das ausladende Hinterteil so zu platzieren, dass das hervorzubringende Verdauungsendprodukt punktgenau auf dem Rand des Katzenklos landet, wo es dann langsam seitlich runter rutscht und unter Hinterlassung einer klebrigen Spur auf den Fliesen anpappt.

Nach erfolgter Tat entfernt man sich stillschweigend vom Ort des Geschehens und setzt sich auf das Nachtschränkchen, um den Popo zu waschen und schon mal dezent darauf hinzuweisen, dass in einer Stunde Zeit fürs Frühstück ist. Ist dieses erst mal aufgetafelt, muss man nur noch abwarten, bis es aus dem Flur fragt: „Was stinkt denn hier so?", gefolgt von einem: „Oh nee Flori – nicht schon wieder!"

Nun kann man in aller Ruhe seinen Teller leer essen und hat dennoch Zeit und Muße, die unbewacht und nur mit einem Frischhaltedeckel versehene Katzenfutterdose, aus der man wie üblich eine viel zu kleine Portion erhalten hat, mit ungeteilter Zuwendung zu überschütten. Schließlich hat man heute besondere Sorgfalt darauf verwendet, sein Häufchen exakt auf die Kunststoffklammern zu positionieren, die den Rahmen auf dem Klorand halten sollen. Die weiche Masse dort heraus zu kratzen wird das Personal eine Zeit lang beschäftigen. Genau die Zeit, die man braucht, um den Deckel von der Dose zu popeln und mit beiden Pfoten das ganze Katzenfutter raus zu schaufeln, das man dann überall auf dem Herd und auf Mamas Teller mit Weihnachtsschoki verteilt.

Da ich nach diesen frühmorgendlichen Reinigungsaktivitäten etwas spät dran war, habe ich es dann unverzeihlicherweise versäumt, das Vogelfutterhäuschen auf dem Balkon aufzufüllen. Die renitente Pieptierbande sanktionierte diese ungeheuerliche Vernachlässigung meiner winterlichen Pflichten mit einer Verwüstung meiner Außendeko ... Anarchie, wohin man blickt!

23. Dezember 2012

Vorgestern ging die Welt nicht wie im Maya-Kalender angekündigt unter. Vielleicht hat sie einfach nur verschlafen. Heute jedenfalls ist es düster, trüb und regnerisch, und mich hat eine seltsam philosophische Stimmung ergriffen. Den ganzen Morgen schon grüble ich über jene mysteriöse Ambivalenz im Katzenwesen nach, die einerseits so ausgeprägte Individuen hervor bringt, andererseits aber auch artspezifische Konstanten, die schon fast den Wert einer festen wissenschaftlichen Größe haben. Zum Beispiel grundsätzlich nur am Wochenende oder noch besser an Wochenenden mit nachgelagerten Feiertagen krank zu werden. Oder in Wohnungen mit zu neunzig Prozent gefliestem Boden immer auf die zehn Prozent Teppich zu kotzen.

Gestern Morgen, halb vier: Das Personal wird vom Lieblingsgeräusch aller Katzenbediensteten aus dem Schlaf gerissen. Upp-a, upp-a, upp-a ... örrggh! Na toll.

Aufstehen, rein in die Pantoffeln, auf dem Weg zum Lichtschalter über die Rührschüssel stolpern (...? Rührschüssel? Wieso liegt die Rührschüssel im Wohnzimmer?)

Endlich – der Lichtschalter. Flori liegt im Sessel, Lilly auf meinem Küchenstuhl und die Rührschüssel mitten im Wohnzimmer. Offensichtlich hat Flori mitbekommen, dass ich einen Mohnstollen backen will, und schon mal Utensilien aus dem Schrank geholt. Danke, Flori. Fritz sitzt auf dem Teppich und schaut bestürzt auf die so unvermittelt wieder aufgetauchten Reste seines Abendessens. Ich schlurfe ins Bad und stolpere im Flur über die Einkaufskiste (...? – ach, egal.) Mit ungefähr zwanzig Metern Klopapier wird das Malheur beseitigt, der besudelte Teppich mit Spüli betupft und der müde Bedienstetenkörper wieder ins Bett geschleppt. Inzwischen ist Flori wach und springt freudig auf mir Trampolin.

Macht ja nichts. Ich muss ja eh um sechs Uhr aufstehen und mich für die Arbeit fertig machen. Hoffentlich hat Fritz nur ein Haarballenproblem und muss nicht zum Tierarzt verklappt werden, der samstags grade mal eine Stunde auf hat – natürlich während meiner Arbeitszeit. Notfalls müssen halt meine Eltern ... aber erst mal sehen, wie die Welt in einer Stunde aussieht.

Nach einer Stunde sah die Welt schon wieder recht gefräßig aus. Der arme Kranke pflügte mit gesundem Appetit durch seinen Teller, sah allerdings von seinen üblichen morgendlichen Raubzügen über den Frühstückstisch ab.

Ich weiß, ich weiß! Der langjährig erfahrene Katzenbedienstete erkennt solche Alarmsignale, aber ich war müde, okay?! Ja, schon gut, das ist natürlich keine Entschuldigung, aber ich bin auch nur ein Mensch! Ein armer, erschöpfter Mensch, dessen böser, hinterlistiger Kater erst am späten Samstagnachmittag, als es auch für die Eltern-Tierarzt-Option bereits zu spät war, wieder auf den Teppich kotzte.

Verdammt. War ja klar. Gerade erst das Auto repariert, Weihnachtsgeschenke gekauft und die Brille kaputt gemacht – da ist es ja wohl unausweichlich, dass man sein letztes Geld an Weihnachten in die Tierklinik schleppt!

Indes: Fritz war, nachdem er sich auf den Teppich erleichtert hatte, sehr an seinem Abendbrot interessiert, das ich vorsichtshalber nach der Arbeit noch in der Special-Sensitiv-Gastro-Allergiker-alles-viel-teurer-Abteilung in der Zoohandlung erworben hatte. Vergnügt wurde ein Schälchen Pute-mit-Kartoffel inhaliert (mehr oder weniger, ein anständiger Kater braucht keine Kartoffeln), breitbeinig aufs Katzenklo gewankt, wo die Verdauung ihrem natürlichen Verlauf folgte, und anschließend die Couch mit darauf liegendem Frauchen in Beschlag genommen. Kein Upp, kein Örrgh – ich wagte kaum zu hoffen.

Auch die Nacht verlief – also ruhig wäre jetzt zu viel gesagt. Die Rührschüssel war schon wieder weggeräumt worden und musste erneut aus dem Schrank geholt und ins Wohnzimmer geschoben werden, und auch sonst war viel Gehoppel, Gekugel und Gekrähe: Die Kater haben eine Art Spiel entwickelt, das acht Füße hat und bei dem es irgendwie wohl darum geht, dem anderen ein Ohr abzubeißen. Ab fünf Uhr morgens: Wiederum Trampolinspringen auf Frauchen, sechs Uhr morgens: Frühstück mit Extra für das sieche Tier. Sieben Uhr: Ermattet sinkt das Personal am Frühstückstisch nieder. Sieben Uhr eins: Gar nicht ermattet landet Fritz punktgenau im Kräuterkäse.

Ein Wunder! Spontanheilung! Keine Tierklinik, kein Dreifachsatz an Feiertagen, kein käseloses Knäckebrot für die nächsten sechs Monate!

Danke, liebes Christkind.

24. Dezember 2012

Im Hausstand will sich noch nicht die rechte Weihnachtsstimmung entfalten, was weniger am Wetter liegt als an der völligen Abwesenheit festlicher Ausschmückung.

Am weihnachtlichsten hat es noch Fritz, der oben auf dem Kleiderschrank auf dem Karton mit dem Tannenbaumschmuck friedlich schlummert.

Bis vor dreieinhalb Jahren sah das noch ganz anders aus. Da ward jedes Jahr ein Baum geholt, im Wohnzimmer aufgestellt und liebevoll geschmückt, um mit seinem Glanz und seiner Pracht einen heimeligen Schein hinaus zu senden in dunkle, grause Winternächte. Ab und an ward auch mal ein Kügelein abgepflückt und in den frühen Morgenstunden heimlich in der stillen Kammer umher gekullert.

Doch dann kam Flori.

Schon kurz nach Floris Ankunft begann der heimelige Charme meiner liebevoll dekorierten Behausung langsam, doch unaufhaltsam dahin zu schwinden. Meine geliebten Uranglasvasen wurden ebenso vom Schreibtisch verbannt wie meine auf Flohmärkten zusammen gesammelte Schar alter Kolbenfüller, all die Keramikkatzen, die ich immerzu geschenkt bekomme, fristeten fortan ein unartgerechtes Dasein in dunklen Schränken – und hatten dennoch Glück gehabt, zu jenen zu gehören, welche Floris Ankunft überhaupt überlebt hatten. Drei Stehlampen, einem halben Dutzend Gläser, meiner Lieblingskaffeetasse und meiner geliebten verschnörkelten Rosenteekanne war ein schlimmeres Schicksal beschieden.

Als daher die Weihnachtszeit nahte, musste ich handeln: Nicht auszudenken, was der kleine Liebling mit einem Baum voller Glaskugeln anstellen würde – bzw. ein Baum voller Glaskugeln mit des kleinen Lieblings zarten rosa Pfötchen! Also kaufte ich Strohsterne, bastelte Schleifen aus rosa Band und bestellte Kunststoffkugeln mit nostalgischen Teddybärmotiven im Internet.

Der Baum sah auch sehr hübsch aus. Jedenfalls bis ich das ins Schlafzimmer verbannte Tier, das mir schon bei meinem weihnachtlichen Schmückritual sehr hinderlich gewesen, in die gute Stube ließ, auf dass es sich am Baum erfreue, was es denn auch prompt und mit großer Begeisterung tat: Ein Satz mitten rein, und der Baum lag auf der Seite. Irgendwo ganz unten maunzte es dumpf. Ich wünschte mir vom Christkind ganz doll einen dritten Arm, um mit einem den Baum hochheben, mit dem anderen das verschüttete Katzenkind bergen und mit dem dritten die keifende Diva von meinem Hosenbein klauben zu können.

Wie üblich bekam ich keinen dritten Arm vom Christkind, sondern bloß einen ollen Strickpulli von Mutti, weswegen ich nach drei Tagen Baumaufheben kapitulierte und den Baum rausschmiss.

Da stand er nun nackt und misshandelt auf dem Balkon, während Flori in seinem Gehege nass und kalt wurde und sehnsuchtsvoll und ununterbrochen seine eigene tief melancholische Version von „Mein Freund, der Baum" zum Besten gab. Ich sah schließlich ein, dass es sinnlos war, dem kleinen Naturfreund abendländische Traditionen nahe bringen zu wollen. Dann steht eben kein geschmückter Baum im Wohnzimmer. Sondern ein zerrupfter im Katzengehege. Bis Anfang Januar die Landjugend zur kollektiven Baumentsorgung anrückte, war Flori der glücklichste Kater auf der Welt. Er wohnte praktisch im Geäst des Tannenbaums.

Seither bin auch ich von abendländischen Traditionen abgerückt. Kein Adventskranz, keine Kerzen, keine Deko. Und vor allem: Kein Tannenbaum! Okay, so rechte Weihnachtsstimmung will nun nicht aufkommen, aber hey – soll ich Fritz etwa seine heißgeliebte Kiste unter dem schlafenden Poppes weg reißen?

26. Dezember 2012

Friedliche und entspannende Weihnachtstage sind doch wirklich was für Weicheier. Nach einem überaus harmonischen und ruhigen Heiligabend, an dem selbst die Produktion des traditionellen Kartoffelsalats ohne nennenswerte katerliche Intervention verlief, der Großteil der Einrichtung einfach mal an seinem Platz gelassen wurde und der Teppich ein unbesudeltes Dasein führte, hat gestern Morgen zunächst einmal der Gefrierschrank den heimeligen Weihnachtsfrieden torpediert.

Ich muss zu meiner Schande gestehen, dass ich noch nie für den Titel der Hausfrau des Jahres nominiert war. Das ist aber nicht meine Schuld, finde ich. Immer wenn man grade was Sinnvolles machen will, kommt wieder ein Miautier und lenkt einen ab, weil es Hunger hat oder Tesafilm im Fell oder weil es irgendwo rumliegt und so süß schläft, dass man es einfach eine Stunde angucken muss. Da kann ich ja dann wohl nichts dafür, dass ich die Hilferufe meines Gefrierschrankes nicht so deutlich wahrgenommen habe, wie ich sie hätte wahrnehmen sollen, bis er mir gestern Morgen unmissverständlich entgegen schrie: Tau mich ab. Jetzt!

Na toll. Die oberste Schublade war nass, die unteren hatten einen dickeren weißen Pelz als Flori. Ab acht Uhr morgens stand ich in der Küche und nahm die Abtaunotlage zum Anlass, Spinatpackungen mit einem Ablaufdatum von Oktober 2011 endlich mal zu entsorgen und den von vier vollen Schubladen auf eine halbvolle Einkaufskiste reduzierten Rest bei meinen Eltern zwischenzuparken.

Anschließend widmete ich mich, wo ich schon mal dabei war, schwungvoll dem Hausputz. Kaum war die Wohnung aufgeräumt und gewischt, trampelte Besuch herbei, um Fritz zu bewundern, der sich voller Panik auf den Kleiderschrank rettete. Nach etwa einer Stunde stieg er wieder herab, setzte sich auf den Teppich, starrte den Besuch an und übergab sich. Einige meiner Freunde argwöhnen, dass ich meine Katzen extra darauf trainiert habe, wegen meiner Abneigung gegen spontanes Besuchtwerden den spontanen Besuchern vor die Füße zu reihern, aber ich schwöre, das stimmt nicht!

Nachdem der Besuch nun einen bleibenden Eindruck von Fritz erhalten hatte, zog man schleunigst wieder von dannen. Ich putzte noch die Küche und das Bad, nahm den misshandelten Gefrierschrank wieder in Betrieb und fütterte die Mannschaft. Fritz kotzte wieder, obwohl doch gar kein Besuch mehr da war, vielleicht als präventive Maßnahme: Ich kotz jetzt mal die Fußmatte voll, dann kommen die gar nicht erst rein!

Aber egal, ob er nun eine Magenverstimmung hat oder eine soziale Phobie – wenn ich morgen abend von der Arbeit komme, geht es ab zum Tierarzt!

30. Dezember 2012

Ich möchte mich hiermit ausdrücklich gegen die Meinung führender Katzenexperten stellen und eine Lanze für moderne Partnerschaften und gegen moralinsaure Ansichten brechen! Alte Katzen und junge Kater sind ein prima Gespann, das eine von Harmonie und gegenseitiger Rücksichtnahme geprägte Partnerschaft zu führen imstande ist, und wenn man dann auf diese blöden Experten hört und holt einen zweiten Kater zum Spielen für den ersten, und dann wird Nr. 2 ein paar Tage magenkrank, und Nr. 1 hat keinen zum Spielen, dann ... dann hat man aber den Salat!

Fritz war eine Weile recht malade, mochte nichts essen und vor allem nicht mit Flori toben. Immer wieder zupfte Flori an der Sofadecke, auf der Fritz siechend ruhte, stupste ihn mit Nase und Pfötchen an und vollführte neckische Sprünge in des Kameraden Sichtweite, doch der schaute nur elegisch in die Ferne und war nicht zu animieren. Als er dann vom Tierarztbesuch zurück kehrte – die tierärztliche Kunst erschöpfte sich angesichts der recht unspezifischen Symptomlage in Wurmspritze, Spritze gegen Übelkeit und mal gucken, ob's dann besser wird –, bereitete Flori ihm einen liebevollen Empfang mit Nasenstupsern und freudigem In-die-Ohren-Krähen und sah entgeistert zu, wie sich der so enthusiastisch Empfangene wieder aufs Sofa schleppte.

Wie jetzt – der war beim Tierarzt und will immer noch nicht spielen? Das ist ja doof. Dann müssen halt die Weiber ran!

Während Fritz sich von Siechtum und den Strapazen eines Tierarztbesuches langsam erholte, durchlebten Lilly und ich eine schwere Zeit mit dem unausgelasteten Erstkater. Man kann ihm schließlich nicht ein Brüderchen ran schleppen, das nach ein paar Wochen schon nicht mehr richtig funktioniert. Während der Genesende von Flori Nightingale regelmäßig liebevoll bestupst und für noch nicht vollständig regeneriert befunden wurde, waren wir zum Spielgerät degradiert. Lilly wurde umher gejagt und über den Boden gekullert, bis sie unter entrüstetem Gekreische ein paar Ohrfeigen platzieren konnte. Hm. Auch doof. Aber hey – ich hab ja noch Mama, die hat keine Krallen!

Sechs Kilo Kater als Freeclimber an der Jeans hängen zu haben ist auch für erfahrene Katzensklaven eine echte Herausforderung. Meine verzweifelten Versuche, das wohlgenährte Tier von meinen Beinkleidern zu entfernen, hatten lediglich eine Verankerung der katzeneigenen Steighaken in tiefere Schichten zur Folge, worauf mir ein unkontrollierter Schmerzenslaut entwich, der wie üblich die nun wieder ganz artgenossensolidarische Furie auf den Plan rief. Das Personal macht schon wieder schrille Geräusche und rupft auch noch an Flori rum! Der hau ich erst mal eine!

Fritz entwickelte unterdessen in aller Stille eine allergische Hautreaktion gegen die Einstichstelle der Kotznicht-Spritze und überraschte mich am späten Freitagabend mit einem feuerroten Hotspot auf der Schulter. Zur Strafe musste er dafür am Samstagmorgen mit meinen Eltern nochmal zum Tierarzt fahren und kassierte eine dritte Spritze.

Aber seit gestern Abend – dem Himmel sei Lob, Preis und Dank! – frisst er wieder wie ein Scheunendrescher, verdaut ordnungsgemäß und, was das Wichtigste ist: Er kloppt sich wieder mit seinem Brüderchen!

Was waren das doch für friedliche Zeiten, als sie noch zu zweit waren ...

1. Januar 2013

Bei der Ernährung meiner drei Lieblinge versuche ich durchaus, den groben Richtlinien führender Katzenexperten zu folgen – nicht immer mit Erfolg, die Diva hat immer wieder schwere Rückfälle in ihre Zeit als Trockenfutter-Junkie und ist dann auch für Geld und gute Worte nicht von einem Tellerchen Nassfutter mit hohem Fleischanteil zu überzeugen. Als sie bei mir einzog, verweigerte sie konsequent alles, was ich anschleppte – bis ich mal mit einer 49-Cent-Dose von Aldi heim kam. Eigentlich war die für den Kater, aber der wurde rücksichtslos zur Seite gerempelt, und Lilly stürzte sich wie eine Verhungernde auf den Billigfraß. (Ich erzähle ihr aber nicht, dass das von Aldi ist. Sie glaubt bis heute, dass es per Lear Jet aus den USA speziell für sie eingeflogen wird.)

Was meine eigene Ernährung angeht, so tut es in meinem Singlehaushalt abends auch eine Tiefkühlpizza oder Miraculi. Ich habe ja auch gar keine Zeit dafür, mir was zu kochen, weil ich immer erst stundenlang mit dem blöden Teller hinter Lilly her latschen muss, da kommt man ja zu nichts. Und wenn man dann mal ein – für meine Verhältnisse – opulentes Mahl mit Kochbeutel-Klößen, Päckchensoße, Tiefkühlrotkohl und Tofu-Bällchen zubereitet, dann hat man auch gleich wieder diese doofe Problematik, dass man einfach zu wenig Arme für vier Töpfe und zwei Kater hat.

Allen Widrigkeiten zum Trotz hatte ich es irgendwann geschafft, mein aus vier Komponenten bestehendes Essen heil und vollständig auf einen Teller zu manövrieren und mich vor dem Fernseher zu platzieren. Gerade hatte ich den ersten Knödelhappen in die Soße getunkt, als die Küche ein Geräusch machte.

Was war das jetzt? Zu sehen war nichts, dennoch kam irgendwie ein verstohlenes Knistern und Rumpeln aus dem Schrank unter der Spüle. Eigenartig. Und sehr ungelegen. Der Spülenschrank befand sich hinter mir, während der Teller sich vor mir befand, und vor dem Teller befand sich Fritz.

Wo steckt eigentlich Flori? Die Frage beantwortete sich sogleich von selbst, als die Tür des Spülschranks sich öffnete und das vermisste Tier heraus purzelte, gefolgt vom Mülleimer, dessen Inhalt sich über den Küchenfußboden ergoss.

Na toll. Ich ermahnte Fritz, die Besitzverhältnisse am Abendbrotteller zu respektieren, rannte in die Küche, zog Flori aus der Tonne, sammelte den Müll wieder hinein und brachte die Tonne in die Abstellkammer. Als ich an den Abendbrottisch zurückkehrte, saß Fritz vor dem Wohnzimmerschrank und hangelte possierlich nach einem darunter gerollten Bällchen.

Wenigstens einer, der sich zu benehmen weiß. Erleichtert widmete ich mich wieder meinen Knödeln und den vier Tofu-Bällchen – Moment mal. Vier Tofu-Bällchen? Waren das nicht vor Floris Mülltonnen-Aktion noch fünf? Und was zum Henker kullert Fritz da grade über den armen geschundenen Teppich?

Die letzte Futterpolonaise in der Villa Lilly 2012 sah dann etwas anders aus: Das um Fritzens Mundgesundheit angesichts des noch nicht abgekühlten Tofu-Bällchens besorgte Personal hinter dem wütend knurrenden Fritz, der auch schon gemerkt hatte, das die Beute irgendwie widerspenstig war und noch zu beißen schien, Flori auf unseren Fersen für den Fall, dass Fritz was fallen ließ, und die Diva hintendrein für den Fall, dass eine Züchtigung des Personal vonnöten war. Nach einigen Runden um den Küchentisch war das arme Tofu-Bällchen endlich totgeschüttelt, jedenfalls biss es Fritz nicht mehr ins Maul und wurde hastig hinunter geschlungen, wobei der Rest des Haushalts in respektvoller Entfernung verharrte, da Fritz immer noch Geräusche machte wie ein Pitbull.

Na ja, noch mal gut gegangen. Das Tofu-Bällchen war bei seiner Zerfleischung soweit abgekühlt, dass es Fritzens Rachenraum kein Leid antat, und seine vier Geschwister, der Rotkohl und die Knödel waren soweit abgekühlt, dass sie meinem Rachenraum zwar auch kein Leid, aber auch keine große Freude mehr antaten.

Happy New Year!

6. Januar 2013

In dieser Woche ereignete sich im Haushalt eine Reiskatastrophe. Bei meiner Heimkehr am Donnerstag bot sich mir ein rätselhaftes Szenario: Auf dem Schrank stand meine Kuchenplatte, die ich unlängst meiner Mutter ausgeliehen hatte, während sich in der Spüle eine aufgerissene Packung Mikrowellenreis mit Paprika befand. Vor der Spüle lag mal wieder die umgekippte Mülltonne, aus der sich eine beachtliche Ladung Reis in die Küche ergoss.

Ich schloss aus dem dargebotenen Stillleben, dass meine Mutter dagewesen war, um meine Kuchenplatte zurückzubringen, und bei ihrer Ankunft mit den Folgen einer Vorratsschrank-Plünderung konfrontiert ward. Ein Anruf bestätigte diese messerscharfe Vermutung: Mutter hatte beim Betreten der Villa Lilly eine „Küche voller Reis" angetroffen, welcher „kaum wegzukriegen" war. Während in meinem Kopfkino meine Mutter, knietief im Bunten Reis mit Paprika stehend, die Schaufel schwang, erscholl aus dem Hörer irgendwas von „Pfoten an die Wand tackern" und „kotzt bestimmt die ganze Nacht".

Mütter. Immer müssen sie so maßlos übertreiben. Erst um fünf Uhr morgens riss mich ein herzhaftes „Upp-ha upp-ha upp-ha" aus dem Schlaf. Ich überlegte kurz, ob ich Mama anrufen und ihr mitteilen sollte, dass jetzt auch der Flur voller Reis sei. Hielt das dann aber doch für keine gute Idee.

Da die kleinen Lieblinge offensichtlich geistig unterfordert waren und überdies nicht richtig satt wurden, kramte ich am Samstag das Katzen-Intelligenz-Spielzeug mal wieder aus dem großen Haufen der unbeachteten Spielzeuge. Das Katzen-Intelligenz-Spielzeug besteht aus einem runden Holzbrett mit Vertiefungen, auf die Holzkugeln platziert werden, nachdem man Leckerchen in die Vertiefungen versenkt hat. Die Katze soll dann die Holzkugeln beiseite rollen und die Leckerchen aus den Vertiefungen fummeln.

Soweit die Theorie. In der Praxis waren zunächst einmal sämtliche Holzkugeln verschwunden und mussten mühsam unter Sofa und Schränken hervor geholt werden, ein Vorgang, der bei den Katzen schon mal auf reges Interesse stieß. Auch das Öffnen des Futterschrankes und das Hervorholen der Leckerlis wurden freudig begrüßt. Die Bestückung des Katzen-Intelligenz-Spielzeugs allerdings rief großes Unverständnis hervor: Wieso tut sie die Leckerlis in Löcher und deckt die dann auch noch zu? Da kommt man doch gar nicht dran, ohne sich vollkommen unnütz zu bewegen!

Flori und Lilly kennen das Katzen-Intelligenz-Spielzeug bereits und trollten sich gelangweilt, nur Fritz blieb davor sitzen und sah mit wehen Augen zu mir auf. Warum, warum nur tut man ihm das an. Er hat doch gar nichts verbrochen und wird mit unerreichbaren Leckerlis bis aufs Blut gequält. Hilflos rollte er die Holzkugeln beiseite und schaute wiederum todtraurig zu mir auf: Die sind ganz unten in den Löchern, die Leckerlis!

Flori reichte es jetzt, er kam angewalzt, schmiss das Katzen-Intelligenz-Spielzeug kurzerhand um und atmete die heraus gefallenen Leckerlis ein. Fritz machte so lange ein bestürztes Gesicht, bis ich die Schachtel aus dem Schrank holte und ihm und der sofort auftauchenden Diva Leckerchen hin warf, und ich kam zu dem Schluss, dass am Intellekt meiner Katzen absolut nichts auszusetzen sei: Dass es viel leichter ist, das labile Personal zu manipulieren als sich mit irgendwelchen doofen Spielchen abzuplagen – das haben sie schnell erkannt.

Sie sind mir einfach überlegen.

7. Januar 2013

Mein Labello ist weg!!! Beim Suchen habe ich grade den vor Wochen verschwundenen Mulmsauger wieder gefunden, aber der Labello ist weg!

13. Januar 2013

Unbestätigten Meldungen zufolge ist es Katzen gelungen, eine Methode zur Beherrschung von Wurmlöchern zu entwickeln, in welchen sie Gegenstände nach Belieben verschwinden und wieder auftauchen lassen können.

Mein Labello kam bei einer Sofaverschiebung zutage, um umgehend wieder zu verschwinden und anderntags wie aus dem Nichts in meinem Pantoffel aufzutauchen. Nun ist er erneut auf seiner einsamen Reise durch Raum und Zeit, und mich treibt die bange Frage um, ob nicht vielleicht auch der eine oder andere Katzenbedienstete durch die endlosen Weiten des Alls trudelt? Ich beäuge meine Lilly jetzt immer sehr argwöhnisch und gebe mir noch mehr Mühe als sonst, ihren mannigfaltigen Ansprüchen zu genügen. Nicht, dass ich eines schönen Tages einen Schubs kriege und mich in so einem Wurmloch wiederfinde, mitsamt meinem Labello, dem Mulmsauger und all den unappetitlichen Dingen, die aus dem Müll geklaubt und für schlechte Zeiten gebunkert wurden ...

Vorgestern war es schon wieder fast so weit. Bei der üblichen Hinterdosinenansammlung der flauschigen Mitbewohner anlässlich einer Kühlschranktüröffnung trat ich versehentlich auf Fritzens Fuß, was einen Schmerzenslaut des gepeinigten Katers zur Folge hatte und aus der zahnlosen Lilly eine wütende Löwin machte. Mit Klauen und ohne Zähne wurde der Misshandelte gegen meine Tröstungsversuche verteidigt und liebevoll umschnurrt und beköpfelt, während der arme Fritz schreckensstarr in der Küche stand und gar nichts mehr begriff. Erst wird ihm auf den Fuß getreten, und dann kommt auch noch die zottelige Furie angeschmust, von der er doch sonst für seine munteren Annäherungsversuche immer nur Ohrfeigen kassiert! Hilfe!

Auch der Versuch, mich mit Leckerchen wieder einzuschleimen, schlug fehl, da eine mit Knuspertaschen bewehrte Attacke auf das verstörte Katertier todesmutig und mit vollem Körpereinsatz von Lilly zurückgeschlagen wurde. Während die Diva sich unter Hurra-Geschrei in meinen Pantoffel verkrallte, inhalierte Flori rasch die runtergefallenen Leckerlis, und Fritz gab nach wie vor die moderne Plastik „Hauskater, Vollplastinat". Erst durch einen wagemutigen Geflügelwurstwurf gelang es mir, die katatonische Starre zu durchbrechen, in die das geschockte Tier durch Lillys unerwartete Sympathiebekundungen gefallen war.

Und jetzt möchte Lilly etwas zu sich nehmen, wie sie mir schon seit einiger Zeit durch die Einweihung des neuen Katzen-Wanderweges „Entlang der Tastatur" auf ihre dezente Art und Weise zu verstehen gibt. Ich glaube, ich gebe ihr lieber mal was, bevor sie mich eben doch noch in so ein Wurmlo

Im Wurmloch ist es gar nicht schön. Man glaubt gar nicht, was da alles umher fliegt! Transportkennel, Katzen-Intelligenz-Spielzeuge, Labellos, Mulmsauger, Hunde ... sogar ein verzweifelter Mann im weißen Kittel flog vorbei und schwor irgendeiner unsichtbaren Macht, nie wieder rektal bei ihr Fieber messen zu wollen ... Mann, war ich froh, als ich da wieder raus war!

Allerdings frage ich mich jetzt, ob ich nicht freiwillig wieder darin verschwinden soll. Draußen tobt so eine Art Schneesturm, mein Auto macht seit einer Woche Ärger, und ich habe eine mittelschwere Sinnkrise, weil mein süßer kleiner Flori eine total negative Persönlichkeitsänderung durchlebt.

Mein Flori. Was für ein kleiner Sonnenschein er bislang doch war. Immer heiter und gut gelaunt, ließ er sich schnurrend, tretelnd und Küsschen gebend von mir umher tragen, kuschelte sich auf meinem Schoß zusammen und ließ sich von mir auf dem Boden herum rollen, wobei er possierlich mit den Pfötchen nach mit tatzelte. Ja, ich war die Sonne, um die sein kleines Universum sich drehte! Nah standen wir einander und waren uns so zugetan!

Ich möchte an dieser Stelle doch mal eindringlich davor warnen, auf den Tenor führender Katzenexperten zu hören. Zwei Kater sind voll blöd. Auf einmal hat man anstelle des süßen Babys zwei Halbstarke, die breitbeinig durch die Hütte watscheln, wenn sie nicht als Knäuel mit acht Pfoten von einer Ecke in die andere rollen, gemeinschaftliche Raubzüge ausbaldowern und sich gegenseitig im Regaleklettern überbieten. Nimmt man gedankenlos den kleinen Liebling auf den Arm, blickt man Chuck Norris ins Gesicht – ey Mann, wie jetzt Schmusen, hast du einen nassen Hut auf?! Alter, ich hab ganz allein zwölf Meisen vom Futterhäuschen weggejagt, und die kommt mir mit ihrer doofen Schmuserei, da hab ich doch jetzt echt keine Zeit für!

Mitunter wird im Eifer des Gefechts vergessen, dass auch noch eine Diva mit im Hause lebt, die mit Herumtollereien überhaupt gar nichts am Hut hat. Wenn man Lilly mit ihren kurzen Beinchen so einher tapern sieht, könnte man als Kater auf den abwegigen Gedanken kommen, ein prima herumrollensfähiges Objekt vor der Nase zu haben. Fritz jedenfalls, der die Dame noch nicht so lange kennt wie Flori, kommt immer wieder auf diesen Gedanken. Leider kapiert Lilly das Spiel nicht, das ja eigentlich so geht: Ich jage dich, und du läufst weg, und dann krieg ich dich, und dann roll ich dich, und das ist voll lustig. Lillys Version der Spielregel sieht folgendermaßen aus: Du jagst mich, und ich lauf nicht weg, und dann guckst du doof, und ich hau dir was an die Ohren, und dann guckst du noch doofer, und dann leg ich mich schlafen, und du stehst da wie ein Trottel.

Das nagt ein bisschen an Fritzens Selbstbewusstsein. Aber nur ein bisschen. Dann geht er wieder mit seinem Kumpel aufs Klo und guckt, wer den größten Pullerklumpen hinlegt und das Streu am höchsten über den Rand schaufeln kann, und wenn Frauchen dann die Hände ringt, dann ist die Welt wieder in Ordnung.

Jedenfalls für die Kater.

26. Januar 2013

Fritz hat sich das überlegt mit der Chuck-Norris-Masche und macht jetzt doch lieber auf Frauchenversteher, was sich überaus vorteilhaft auf die wasserabweisenden Eigenschaften der felinen Epidermis ausgewirkt hat.

Der Winter in unseren Breitengraden tut generell der Haut nicht gut. Nicht selten führt der beständige Wechsel von kalter Winterluft zu trockener Heizungsluft zu Irritationen der Haut, die sich in Juckreiz und Spannungsgefühlen äußern. Meine Haut jedenfalls hat eine starke Neigung zu Juckreiz und Spannungsgefühlen, vor allem an den Waden, weswegen ich sie allabendlich mit Melkfett einwalke. Das macht die Haut geschmeidig und lindert den Juckreiz.

Nichts stört das winterliche Wellnessprogramm des Wadenfettens abrupter und nachhaltiger als ein Kater, der sich just diesen Moment aussucht, um einem liebevoll ums Bein zu streichen und sich auf diese Weise gleich einer erheblichen Anzahl lästiger Deckhaare zu entledigen. In unserer modernen Welt hat eben auch der vierbeinige Hausgenosse ein stringentes Zeitmanagement. In der Zeitspanne, die man sonst benötigt, um ausgefallene Haare in mühevoller Kleinarbeit an sämtliche erreichbaren Textilien zu heften, kann man ja schließlich auch irgendwas Sinnvolles anfangen, den Mulmsauger wieder auseinander nehmen zum Beispiel. Und zugleich ist man imprägniert für den Fall, dass man mal in den Stadtpark gehen und mit den Enten eine Runde schwimmen möchte.

Derart sensibilisiert für die unschätzbaren Vorteile von Wellness-Produkten für schönes Katerhaar, postierte sich Fritz gleich am nächsten Morgen vor dem Küchenschrank, auf dem Flori soeben die Tüte mit der Kaffeemilch bearbeitete. Erwartungsgemäß kippte die Tüte um, lief aus und beträufelte Fritzens Haupt mit einer gehaltvollen Spülung, die sich bis zum Nachmittag zu einer gewagten Punkfrisur verfestigt hatte.

Vorerst jedoch rannte Frauchen nach dem Lappen, um dem sich um der Kater Füße herum ausbreitenden Milchozean Einhalt zu gebieten. Das ist einfach ein Reflex, der sich auch nach sieben Jahren Lillyherrschaft nicht unterdrücken lässt: Sauerei – Lappen holen. Schnell. Wobei „schnell" in der Wahrnehmung einer Diva sehr rasch als „Hektik" interpretiert wird. Und Hektik wird nun mal nicht geduldet. So tropfte denn die Milch auf Fritz, Flori wütete weiter an der Milchtüte, und ich stand mit meinem Lappen geschlagen vor der Schildpatt-Kampflinie, die die

Prioritäten ganz klar auf Seiten der Lilly-Regel Nr. 1 sah: In meinem Haus wird nicht gerannt! Milchsee hin, feline Laktoseintoleranz her!

Unter Einsatz meines Lebens gelang es mir schließlich, die feindliche Reihe zu durchbrechen und Haushaltspapier in die Gefahrenzone zu werfen, während Lilly meinem linken Pantoffel zeigte, wo der Hammer hängt. Immerhin: Keiner kriegte Durchfall. Und Fritz hatte ein paar Tage lang eine echt schöne Frisur.

3. Februar 2013

Es ist unheimlich.

Seit nunmehr einer Woche lebe ich mit eben jener Situation, die den menschlichen Mitbewohner einer Katzen-WG in die tiefsten Abgründe der Beunruhigung und Sorge stürzen lässt. Die ihn nachts schweißgebadet aus dem Schlaf fahren, zitternd und angstvoll in die Stille horchen und schließlich ruhelos umher wandern lässt. Jene einzige, jene gefürchtete Situation, welche wir in abergläubischer Furcht tabuisierend nicht einmal zu nennen wagen ...

Die Katzen sind krank? Ab in die Tierklinik. Die Katzen benehmen sich komisch? Es gibt doch Katzenpsychologen. Die Katzen sind brav?

Was ist denn jetzt los?

Nichts auf der Welt ist verstörender als ein anarchisches Dreierpack, das eine geschlagene Woche lang einfach mal überhaupt gar nichts anstellt. Kein Schrank wurde ausgeräumt, nichts herunter geworfen, kein Frühstück geklaut. Nicht mal ein Würstchen wurde falsch platziert. Und sogar mein Labello liegt seit Tagen an derselben Stelle. Heute Morgen bin ich Flori auf den Fuß getreten, und Lilly hat mich nicht gehauen, nur böse angeguckt.

Ich beobachte die drei mit Argusaugen. Ich kann mich noch gut daran erinnern, wie Flori einige Zeit vor Fritzens Ankunft mal einen ganzen Tag lang brav war. Da hatte ich frei und konnte meinen ganzen Hausputz in einem Rutsch erledigen, ohne dass Fellmäuse in den Wischeimer getunkt, die Mülltüte aufgerissen oder ein Bauchklatscher im Kehrichthaufen gelandet wurde. Abends war ich total fertig mit den Nerven und drauf und dran, das verdächtig artige Tier einzupacken und beim Tierarzt vorstellig zu werden. Aber erst am nächsten Morgen, als ich wieder zur Arbeit musste, rückte Flori mit seinem Mageninhalt raus (und zwar mehrfach) und stellte dann das Fressen ein.

Und jetzt sind alle drei so artig! Das ist mir einfach nicht geheuer. Werden sie mich heute Nacht unter einem Kotzhaufen begraben? Planen sie ein Attentat? Haben sie die Nachbarskatze heimlich rein geschmuggelt und halten sie vor mir versteckt? Oder wurden sie von Außerirdischen entführt und durch Spionageroboter ersetzt?

Heute Morgen hat Flori sogar eine lassiehafte Heldentat vollbracht und die Gärtnerei, über der wir wohnen, vor großem Unheil bewahrt, indem er den Balkonkasten anstarrte. In den Balkonkasten wurde dereinst ein Bäumchen gepflanzt, das mittlerweile über einen Meter hoch und mit einer ausladenden Krone bewaffnet ist. Während der Stürme in den letzten Tagen hat es still und leise, wie es so die Art der Bäume ist, ein wenig an Halt verloren und ist in eine bedrohliche Schieflage geraten – bedrohlich vor allem für das Glasdach des Gewächshauses direkt unter ihm ...

Ich habe wie üblich der Notlage des armen Bäumchens gar keine Beachtung geschenkt und bin tagelang an der stumm leidenden Mitkreatur vorbei gelatscht. Heute Morgen nun ragte der Wurzelballen anklagend empor, das Bäumchen hing waagrecht aus dem Kasten und Flori staunte mit großen Augen. Zum Glück schenke ich Flori immer mehr Beachtung als den Bäumchen in meinen Balkonkästen und benachrichtige meine Vermieter, wo meine Schreckensnachricht weniger Sorge um das Bäumchen und das Gewächshausdach hervor rief als vielmehr Erstaunen darüber, dass Flori auch mal zu was gut gewesen ist. Bislang hat er sich vor den Vermietern immer nur als Zerstörer von Einrichtungsgegenständen präsentiert, die traurig von mir zur gemeinschaftlichen Mülltonne transportiert wurden, und hat einen bleibenden Eindruck hinterlassen, als er bei der Kaffeetafel anlässlich meines Geburtstages im Oktober mit Schwung direkt in der Sahneschüssel landete.

Das waren noch Zeiten! Hoffentlich wird bald alles wieder normal, sonst kriege ich hier noch einen Nervenzusammenbruch!

9. Februar 2013

Während in vielen Gegenden auf unserem wunderbaren Planeten Heimatvereine und Folkloregruppen einen durchaus ehrenwerten Kampf gegen den Untergang wertvoller Kulturgüter führen, gibt es doch leider auch eine Kehrseite der Medaille. Eine dunkle, eine verdammenswerte Kehrseite. Eine Kehrseite, deren verfinsterte Oberfläche Brauchtümer spiegelt, welche besser für immer im Morast des allgemeinen Vergessenwerdens versunken blieben.

Es ist Montag, der vierte Februar, eine Woche vor dem Höhepunkt der Karnevalssession im beschaulichen A. in Westfalen. Während sich unten auf den Straßen bereits die ersten Narren und Närrinnen für den kommenden Rosenmontag warmschunkeln, sitzt Bianka T. in ihrer eigentlich recht behaglich eingerichteten Wohnung und schaut mit Tränen in den Augen auf das sie umgebende Chaos.

„Ich wusste nicht, dass es so etwas gibt." flüstert T. mit bebender Stimme. Angstvoll starrt sie ihre Schranktüren an, hinter denen es dumpf rumpelt und poltert. „Ganz ehrlich, ich habe immer geglaubt, er sei ein ganz normaler Kater."

Die Rede ist von Fritz. Und tatsächlich scheint Fritz auf den ersten Blick ein Kater zu sein wie tausend andere auch. Ein unauffälliger Grautiger, einer, der mit seinen weißen Pfötchen und den großen grünen Augen einen bescheidenen und freundlichen Eindruck macht.

Doch dieser Eindruck täuscht. Denn hinter der fröhlichen Maske mit der unschuldigen rosa Nase verbirgt sich ein Monster, ein Ungeheuer aus archaischer Zeit, eine Ausgeburt der Hölle – Fritz ist einer der letzten Überlebenden aus der grauenhaften Dynastie der Faschingskater!

„Ich habe ihn ja am zehnten November aus dem Tierheim geholt." berichtet Bianka T. mit verängstigter Stimme. „Da war er auch noch ganz normal. Also so normal, wie Kater eben sein können." Irgendwo in der Wohnung scheppert etwas, und die Katzenhalterin fährt zusammen. „Er war ja auch am Anfang ganz lieb, hat viel geschlafen und nur selten was geklaut oder kaputt gemacht. Aber so vor zwei Wochen – da fing es an. Also dass er komisch wurde. Und die anderen eben auch. Der Flori und die Lilly, ich hab ja insgesamt drei von denen. Auf einmal haben die gar nichts mehr angestellt und waren den ganzen Tag lieb. Da habe ich mir Sorgen gemacht. Ich hab das auch in so einem Katzenforum gepostet, und da waren auch alle ganz erschrocken, dass die eine ganze Woche gar nichts angestellt haben, und haben sich auch total Sorgen gemacht, weil das ja nicht normal ist für Katzen."

Bianka T.s Stimme bricht, sie muss sich sammeln. „Aber dann … dann kam der vierte Februar. Ich wusste das doch nicht, dass eine Woche vor Rosenmontag der Katzenfasching anfängt! Als ich abends nach Hause kam, da lag die Mülltonne umgekippt in der Küche, und der Fritz lief drum herum, und da hab ich noch gedacht, jetzt wird alles wieder normal. Aber dann … dann ging das nachts los mit dem Katzenfasching, und seitdem …"

Bianka T. verliert endgültig die Fassung. Von Schluchzen geschüttelt berichtet sie von grölenden und marodierenden Katern, die nachts die Wohnung verwüsten, von

Knäckebroten, die nach gezielten Pfotenhieben auf dem Frühstückstisch Saltos schlagen und mit der Frischkäseseite nach unten auf dem Boden landen, und von Pausenbroten, die unter Hurrageschrei verschleppt und brutal gegen die Rückeroberung durch die rechtmäßige Besitzerin verteidigt werden.

„Meine Winterstiefel haben sie vor die Tür geschoben und unter die Katzenklappe geklemmt, sodass die immer offen steht und es dauernd zieht." erzählt sie, nachdem sie sich ein wenig gefangen hat. „Und überall sind sie drin. Mach ich den Kleiderschrank auf – Katze drin. Mach ich den Kühlschrank auf – Katze drin. Mach ich den Klodeckel auf …"

Schockiert gebietet in diesem Moment selbst unser hartgesottener Reporter der Schilderung Einhalt. Tagtäglich berichtet unser Blatt von menschlichen Schicksalen, und doch gibt es immer wieder Fälle, die uns unter die Haut gehen – wie der von Bianka T., die doch nur einem armen verstoßenen Kätzchen ein Heim geben wollte und nun unter der Diktatur eines Katzenfaschingsprinzen ihr unterdrücktes Dasein fristen muss!

Hoffen wir für Bianka T., dass auch der Katzenfasching einen Aschermittwoch kennt …

17. Februar 2013

Die jüngsten hausinternen Brauchtumsforschungen haben zu dem bestürzenden Ergebnis geführt, dass die unselige Erscheinung des Katzenfaschings leider keinen Aschermittwoch kennt. Ist so ein Katzenfaschingsprinz erst mal aktiviert, so bleibt er närrisch und infiltriert auch seine Artgenossen mit seinem lästerlichen Verhalten, was den menschlichen Mitbewohner oftmals in äußerst prekäre Situationen bringt.

Während am Aschermittwoch selbst der eingefleischteste Karnevalist die Narrenkappe an den Haken hängt, legte das häusliche Dreigestirn des Grauens erst so richtig los. Nachdem man fröhlich am Vorhang geschaukelt hatte, der den ungeheizten Flur davon abhalten soll, seine arktischen Kältewellen am heimeligen Abendbrottisch zu verströmen und das Personal zu erkälten, tobte man kreuz und quer durch die Hütte. Das fröstelnde Personal machte sich unterdes daran, den verschobenen Vorhang wieder zu richten, und wurde von der herab fallenden Vorhangstange empfindlich an den Zehen getroffen, welche sich als Folge der Katzenschaukelei gelockert hatte. Während das Personal jammernd zu Boden ging und das durch die Socken quellende Blut zu stoppen versuchte, kippte der wild gewordene Karnevalszug den dem Gesinde zugedachten Suppenteller um.

Heute Morgen war dann wohl der Schnappes alle, weswegen Fritz und Flori sich auf die Suche nach Nachschub machten (nachdem Flori sich in bester Karnevalistenmanier erst mal heftig übergeben hatte. Das kommt dann halt davon.) Immerhin verfügt die noch vom Vermieter stammende Einbauregalwand auch über ein Barfach, da muss er doch sein, der Foffo!

Doch keine Spur von geistreichen Getränken an der dafür vorgesehenen Stelle: Boah Alter ey, hat die da bloß ihr ganzes Aquariengerümpel drin gebunkert und das Weihnachtspapier!

Vielleicht in dem großen Schrank daneben? Nee, hier isser auch nich. Määäännnnnnooooooo! Aber wenn man die ganzen alten Spiegelreflexkameras aus dem Schrankfach schmeißt, dann ist das doch ein super Platz für verkaterte Kater – einer geht noch, einer geht noch rein …

24. Februar 2013

Neuerungen im Haushalt muss man mit äußerster Sensibilität angehen, wenn dieser auch Katzen beherbergt. Das kätzische Leben folgt strikten Ritualen, weswegen der vierbeinige Hausgenosse auf Abweichungen und Veränderungen oft verstört reagiert.

Meine Katzenbücher schmeiß ich jetzt weg. Da steht eh nur Quark drin. So wie das da oben. Meine Katzen sind ganz offensichtlich bereits vollständig an unser modernes, schnelllebiges Zeitalter assimiliert und stehen Neuerungen überaus aufgeschlossen gegenüber.

Einem neuen Ersatz-Frauchen beispielsweise. In meinem Abwasserrohr hat sich ein Dichtring selbstständig gemacht und hinterlistig und gemein Stauungen verursacht, weswegen es im Laden unter mir nun durch die Decke tropft. Eine Prozession von Handwerkern und Versicherungsmenschen sucht uns regelmäßig heim, und nicht immer bin ich zugegen, um aufzupassen, dass Flori nicht versehentlich in irgendeinem Werkzeugkoffer das Haus verlässt. Den Security-Part übernimmt während meiner Arbeitszeiten meine Vermieterin.

Während ich ja seit Fritzens Einzug nur noch mit der Chuck-Norris-Nummer abgespeist werde – Schmusen? Weiberkram! –, weiß meine Vermieterin sich gar nicht zu lassen vor Entzücken über mein anschmiegsames, schnurrendes Tier. Flori wird auf den Arm genommen und herum getragen, damit er nicht im Abwassersystem verloren geht, wenn die Handwerker werkeln, und wanzt sich dabei derart schamlos ran, dass ich bei den abendlichen Berichterstattungen arge Zweifel hege, ob das wirklich mein Macker-Kater ist, der da umher geschleppt wurde.

Aber nicht nur neue Menschen, auch neue Küchengeräte sorgen für Spaß und Spannung. Am Mittwoch kam ich mit einem Sonderangebots-Wasserkocher heim und machte mich aufgeregt daran, die Plastikbänder um den Karton aufzuschneiden. Umgehend saß ein Kater auf dem Tisch und hangelte nach dem einen Ende, während der andere Klimmzüge machte, um das andere Ende zu erhaschen, was wiederum den auf dem Tisch sitzenden reizte, dem Klimmzüge machenden erst mal auf den Kopf zu hauen. Das Plastikband war vergessen, ein Katerknäuel rollte davon, ich packte weiter aus. Der Draht, mit dem das Kabel des Wasserkochers zusammen gebunden war, wurde sogleich im Müll versenkt, bevor Flori ihn zum Spielzeug deklarierte, und danach der Karton zusammengefaltet zum Altpapier gepackt.

Eine Stunde später: Flori schiebt den wieder auseinander gefalteten Karton durch die Küche, während Fritz mit dem Bindedraht spielt. Man kann sich darüber Gedanken machen. Aber wenn man schon so lange Katzen hat, dann lässt man das einfach. Sie werden's halt aus irgendeinem Wurmloch gekramt haben.

Gestern Abend dann das Highlight der Woche: Ein neues Sofa kam ins Haus! Besser gesagt ein gebrauchtes, im Internet ersteigertes Sofa. Madame weigert sich beharrlich, für ihre Maniküre einen Kratzbaum zu benutzen, an dem sich Krethi und Plethi die Krallen wetzen. Für einer Diva Krallen ist nur die Couch gut genug. Lilly lebt seit sieben Jahren bei mir und hat in dieser Zeit zwei Sofas zerschlissen, was einer Sofazerlegungshalbwertszeit von etwa drei Jahren entspricht. Nun war es halt mal wieder so weit. Das neue Sofa hat viel Rattan, was, so meine stille Hoffnung, Lillys Ansprüchen an ihr Manikürewerkzeug nicht allzu weit entgegen kommt, sodass sie vielleicht doch noch mal den Kratzbaum in Erwägung zieht.

Madame reagierte erwartungsgemäß beleidigt auf die Entfernung ihres Lieblingskratzsofas und den Einzug der Rattanzumutung. Krethi und Plethi hingegen waren ganz begeistert und kratzten sich gleich einmal rund ums Sofa. Und dann noch mal. Und noch mal. Runde um Runde, all night long – Feierbiester kennen eben keinen Aschermittwoch!

3. März 2013

Mein dynamisches Duo ist mittlerweile auf den Geschmack des Bratkartoffelverhältnisses gekommen. Während Flori die Vermieterin bezirzt, hat sich Fritz an seinem Kumpel ein Beispiel genommen und schmeißt sich an meine Mutter heran. World's Best Mom hat nämlich dankenswerterweise meinen Hausputz gemacht, weil ich die Woche ohne freien Tag durch arbeiten musste, bemängelt aber, bei der Durchführung dieser ehrbaren Tat in unzumutbarer Weise von Fritz belästigt worden zu sein. Entweder klebte er schnurrend an ihrem Schienbein, oder er sang Klagen über seinem leeren Futterteller. Das arme Tier, so meine Mutter, gehöre dem Tierschutz überantwortet, da es bei mir offensichtlich einen schweren Mangel sowohl an Nahrung als auch an Zuwendung leide!

Ich schämte mich gründlich und sorgte gestern stundenlang für Spaß und Entertainment, indem ich auf allen vieren durch die Wohnung rutschte und mit einer Taschenlampe unter sämtliche Möbel leuchtete. Gesucht wurde diesmal die Pflanzpinzette, da eine neue Wasserpflanze ins Aquarium sollte. Nach viermaliger Umrundung der gesamten Behausung unter Einbeziehung des Außenbereiches – Flori wirft auch manchmal Fellmäuse durch das Gehegegitter des Balkons, vielleicht um Bussarde zu ködern – tauchte das benötigte Utensil wie aus dem Nichts unter dem Holzofen auf, unter den ich schon dreimal geleuchtet hatte. Wieder einmal hatte sich die Wurmlochtheorie bestätigt, und ich erwäge jetzt, einen Brief an die Bundeskanzlerin zu schreiben. Immerhin ist sie nicht nur Landesmutter, sondern auch Physikerin, da kann sie ja wohl einen Erlass zum sofortigen Verbot destruktiver Eingriffe in das Raum-Zeit-Kontinuum durchsetzen! Dann hätte das auch ein Ende mit dem Fachkräftemangel, die sind bestimmt auch alle von Katzen in Wurmlöcher geschmissen worden!

Immerhin förderte die Suchaktion viele andere lustige Dinge zutage. Eine Nuss zum Beispiel, die von Lilly unter großem Hallo quer durch die Bude gekickt wurde, bis sie ihr von Fritz abgenommen wurde, der sie zu Flori rüber flankte, welcher sie wieder unter dem Schrank versenkte. TOOOOORRR!!!!!

Auch das Sofa erfreut sich nach wie vor großer Beliebtheit. Ich kann sogar im Dunkeln unterscheiden, wer grade dran kratzt! Nächtliches Kratzen, „hörst du auf zu kratzen!", kurze Pause, verstohlenes Weiterkratzen: „Fritz! Kannst du nicht hören!" Hm, ja, schon, aber irgendwie weiß ich nicht, was du mir damit sagen willst.

Nächtliches Kratzen, „hörst du auf zu kratzen", noch kürzere Pause, demonstratives Weiterkratzen: „Lilly! Kannst du nicht hören!" Doch, selbstverständlich, sehr gut sogar, aber ich will grad nicht.

Nächtliches Kratzen, „hörst du auf zu kratzen", gar keine Pause: „Flori!!! Kannst du nicht ... ach nee." (Aber mal ehrlich, was macht das für einen Unterschied?)

Auch jetzt würde ich so schrecklich gern mein fieberndes Haupt auf das schöne neue Sofa betten, nachdem ich mich wohl bei unserer Auszubildenden mit einem satten grippalen Infekt angesteckt habe. Fritz hat leider immer noch nicht den Sinn und Zweck eines ergonomisch geformten Venenkissens für müde Verkäuferinnenbeine durchschaut und vertritt die Meinung, es handele sich hierbei um ein ergonomisch geformtes Katerkissen, auf das ein vom nächtlichen Kratzen nicht minder müder Katerkörper gehöre. Und so sitze ich weiterhin auf meinem harten Schreibtischstuhl, ganz ohne Erholung für den kranken Leib ...

10. März 2013

Es ist Freitagabend. Nach vier Tagen fiebriger Bettlägerigkeit befinde ich mich endlich auf dem Wege der Besserung. Gegen 22:00 Uhr begebe ich mich zu Bett. Um 22:12 Uhr knallt es in der Küche. Ich stehe auf, taste mich im Dunkeln durchs Wohnzimmer in die Küche zum Lichtschalter und trete auf was Hartes.

22:13 Uhr: Das Licht ist an. Der Küchenschrank ist auf, eine Rapsölflasche ist rausgefallen, die Katzen sitzen um die Lache und der Boden der Flasche steckt in meinem Fuß.

22:14 Uhr: Nicht ohnmächtig werden nicht ohnmächtig werden NICHT OHNMÄCHTIG WERDEN

22:15 Uhr: Nerven bewahren und Prioritäten setzen. Ich ziehe den Rapsölflaschenboden aus meinem Fuß, greife mir Flori und befördere ihn mittels einer mehr oder weniger eleganten Flugkurve – Katergewicht und Erdanziehungskraft mindern ein wenig die Ästhetik der Darbietung – ins Schlafzimmer. Erwartungsgemäß reagiert Lilly wie ein Hund auf den Ball: Wenn man Flori wirft, läuft Lilly hinterher.

22:16 Uhr: Tür zu, zurück in die Küche. Fritz pichelt Rapsöl wie eine Promimeute am Champagnerbrunnen. Fritz abgreifen, Schlafzimmertür auf, Fritz rein, Schlafzimmertür zu –

22:16 1/16 Uhr: Fritz ist wieder draußen und pichelt Rapsöl. Fritz erneut abgreifen, meiner deutlich sichtbaren blutigen Fußspur wieder zum Schlafzimmer folgen, Schlafzimmertür auf, Fritz rein, Schlafzimmertür zu –

22:17 Uhr: siehe 22:16 1/16 Uhr

22:20 Uhr: Alle Katzen befinden sich endlich im Schlafzimmer, die Rapsöllache hatte ausreichend Zeit, sich auch hinter der Fußleiste auszubreiten, mein Fuß blutet wie blöde und ich finde keine Pflaster.

22:25 Uhr: Ich habe mir ein Tempo mit Tesafilm um den Fuß gewickelt und versuche, die Sauerei zu beseitigen.

22:45 Uhr: Die Scherben sind zusammen gefegt, der Rapsölsee trocken gelegt und der Fuß endlich korrekt verpflastert. Dem Geräuschpegel im Schlafzimmer nach zu urteilen wird soeben der Kleiderschrank als Rammbock zur Tür geschoben.

23:00 Uhr: Die Katzen sind wieder draußen und sinken ermattet auf ihre Schlafplätze. Ich pirsche mich an die

Kater an und untersuche Mäuler und Pfoten auf Schnitt-verletzungen.

23:05 Uhr: Keiner blutet. Außer ich.

23:30 Uhr: Nochmal gucken, ob auch keiner Anzeichen innerer Verletzungen zeigt – immerhin haben sie an einer Rapsöllache voller Glasscherben getafelt.

23:45 Uhr: siehe 23:30 Uhr

0:00: usw. ...

6:00 Uhr: Der Wecker klingelt. Ich muss zur Arbeit. Alle sind wohlauf, außer ich.

16:00 Uhr: Endlich zu Hause. Mein Fuß tut weh, ich bin müde und habe Kopfschmerzen, kann aber schon wieder nicht aufs Sofa, weil Fritz da liegt und schlechte Laune hat. Unerklärlicherweise muss er heute andauernd aufs Klo, seine Verdauung ist ihm sehr fremd geworden und die Haare am Poppes sind auch irgendwie klebrig.

Mein Mitleid hält sich dennoch in Grenzen. Man muss eben auch das Kleingedruckte lesen können, und RAPSöl ist nun mal nicht SCHNAPSöl!

17. März 2013

Das Leben ist doch oft ein solcher Piesepampel. Nicht nur beschert es einem Katzen, nein, als sei man mit drei kleinen Terroristen noch nicht genug gestraft, hält es ständig auch noch andere doofe Probleme für einen parat, und man muss den ganzen Tag irgendeinen viel zu lange vernachlässigten Papierkram machen und dann abends feststellen, dass man den Trockner und den Geschirrspüler noch nicht ausgeräumt und darüber hinaus vergessen hat, das Gemüse für den vorzukochenden Eintopf zu schnippeln ... das Leben ist schwer!

Im Gegensatz dazu waren meine Lieblinge für ihre Verhältnisse geradezu mal wieder beängstigend artig. Meine Füße sind heile, und auch meine anderen Körperteile sind (bis jetzt) unverletzt. Fritz hat im Schlafzimmer einen Tapetenfrevel aus Floris Kindertagen entdeckt, den er seither begeistert fortsetzt, wenn ich morgens nicht umgehend meinen müden Leib aus den Federn hieve, um die hungrige Meute abzufüttern. Und Flori hat seinen Teller kaputt geschmissen. Aber sonst?

Okay, die Diva hat ihre Schutzinstinkte auf Fritz ausgeweitet. Als ich vorgestern die Gunst der Stunde nutzen und meine schweren Beine auf dem unbesetzten Sofa ausstrecken wollte, geriet ich mit Fritz in ein kleines Gemetzel. Fritz sieht meine Beine nun mal nicht so gerne auf dem Venenkissen. Ergonomisch geformte Kissen gelten in Katzenkreisen als ganz besonders katzenkörperfreundliche Erfindung und müssen gegen jegliche Zweckentfremdung durch Belegung mit menschlichen Körperteilen entschieden verteidigt werden. Während ich den Sachverhalt und die Oberhoheit über das Venenkissen noch mit Fritz diskutierte, kam Madame angehoppelt, richtete ihre Kampfstatue am Sofa auf und haute mir herzhaft auf den Oberschenkel. Umgehend verschwanden meine Unterschenkel reflexartig vom Venenkissen, Fritz schmiss sich drauf, und Lilly postierte sich vor dem Sofa und fixierte mich drohend, um eine erneute Okkupation des von Fritz belegten Lieblingsplatzes von vornherein durch unmittelbares Eingreifen zu verhindern.

Was will man da machen. Auch heute werde ich wohl wieder mit angezogenen Beinen in eine Sofaecke gequetscht da liegen und über meinen Rücken seufzen, während die drei Gewaltherrscher lang ausgestreckt irgendwo herum fläzen ... ja, das Leben. So isses eben.

24. März 2013

Für so ein kreatives Frauchen ist Fritz eindeutig ein bisschen einfallslos in der Wahl seiner Hobbies. Eine schöne Installation aus dem ganzen Zeug, das Flori nachts immer aus dem Schrank schmeißt, hätte ich ja mal originell gefunden. Oder eine gewagte Performance wie: Lilly Life-Beschmierung mit Magerquark. Meinetwegen auch Makramee, wenn's sein muss. Aber doch nicht das, was alle machen – Tapetenkratzen!

An Floris Frühwerk unter dem Bett weiter zu arbeiten war wohl unter des Künstlers Würde, stattdessen hat er nun sein eigenes Werk in der luftigen Höhe seiner Schmollecke auf dem Kleiderschrank begonnen.

Talentlos ist er ohne Zweifel nicht. Diese radikale Linienführung, diese Symbolik eines beinahe schon assoziativen Durchdringens hin zu den eigenen Bewusstseinsschichten, die der Künstler in seinem jüngsten Werk durch seine zielgerichtete Bearbeitung der unterschiedlichen Materialschichten erzielt – das ruft beim Betrachter durchaus ein gewisses Unbehagen hervor, ja es lässt nicht unberührt. Mich jedenfalls nicht.

Der Künstler schafft übrigens in einem tranceähnlichen Zustand, an den er sich nach seinem Wirken nicht mehr erinnert. Auf meinen tadelnden Ruf: „Fritz!!! Was ist das da oben?!!" warf das talentierte Tier einen Blick auf sein Werk, der keinerlei Bindung zu selbigem erkennen ließ. Das da? Keine Ahnung, wo das her kommt. Auf einmal war das da. Bestimmt 'n Pilz.

Da lobe ich mir doch meines Floris durchweg praktische Lebenseinstellung. Flori hat so gar keine Neigung hin zum Musischen, aber er ist ein ganz und gar begnadeter Sanitärinstallateur. Zumindest hält er sich dafür. Nachdem nun schon zweimal der Klempner da war – einmal, um den Boden aufzustemmen und das Abflussrohr neu zu verlegen, in dem ein Dichtring sich verklemmt hatte, und dann ein zweites Mal, um eine Kalkplatte zu entfernen, die sich bei der Aktion gelöst hatte und nun anstelle des Dichtrings das Rohr verstopfte –, ergriff Flori die Gelegenheit, durch die versehentlich offen gelassene Tür zur Abstellkammer zu schlüpfen und sich das ganze mal genauer anzusehen. Handwerker machen ja immer nur Murks, man kennt das doch. Da muss der Fachmann ran.

Als ich dem Gepolter aus der Abstellkammer nachging, hing der Fachmann grade bis zu den Schultern im immer noch offenen Schacht und bearbeitete emsig das Abflussrohr mit beiden Vorderpfoten ...

Lilly hingegen wird mit zunehmendem Alter immer kindischer und hat eine teuflische Freude daran entwickelt, den armen Fritz zu Tode zu erschrecken. Fritz fürchtet sich sehr vor unheimlichen Geräuschen. Wenn der Wind an den Rollläden klappert zum Beispiel. Oder die Mikrowelle summt. Oder wenn's im Kleiderschrank poltert, weil Lilly sich dort eine Wurfhöhle baut (oder was immer ihr Beweggrund sein mag, meine Blusen von ihren Bügeln zu zerren und zu einem gemütlichen Nest zusammen zu knüllen.) Dann kriegt Fritz ganz runde Augen und verschwindet flugs hinter der Waschmaschine – sicher ist sicher. Und ich könnte schwören, dass die Zicke dann gehässig kichert.

Aber sonst waren sie lieb, und ich bin schon die zweite Woche nirgendwo verletzt!

31. März 2013

Schön ist das Westfalenland, fest verwurzelt in der Tradition und berüchtigt für seine grauenhaften lokalen Spezialitäten. Schon die Römer, die doch einiges gewohnt sein sollten, zeigten sich schockiert angesichts der westfälischen Barbarei, was vermutlich auf die Begegnung mit Möpkenbrot und Töttchen zurückzuführen war. (Liebe Nicht-Westfalen: Googlet das bloß nicht! Manche Bildungslücke ist ein Segen für den Seelenfrieden.)

Eine löbliche Ausnahme von den unbeschreiblichen Schrecken unserer kulinarischen Spezialitäten ist das Püfferchen. Das Püfferchen, in anderen Regionen auch als Struwen bekannt, ist ein kleiner dicker Pfannkuchen mit Rosinen oder Äpfeln und wird traditionell am Karfreitag gebacken und verzehrt.

Soviel zur Heimatkunde. In der Realität der Villa Lilly sieht die familiäre Tradition seit Jahren vor, dass ich Familie und Freunde mit Püfferchen verköstige. Ungefähr eine Woche vor Ostern fängt meine Mutter an, mich darauf hinzuweisen, dass ja bald Ostern sei und somit auch Karfreitag und damit wiederum einhergehend ein kochfreier Tag für Muttern, da man ja sicherlich auch dieses Jahr wieder mit Püfferchen beliefert werde. So ein bisschen erinnert mich das an gewisse Tiere, die immer schon um fünf Uhr morgens in meine Ohren quengeln, weil es doch um sechs Uhr Frühstück gibt.

Auch am Karfreitag gibt es davor kein Entrinnen. Um sechs wurden die Katzen gefüttert, und um zehn Uhr waren die Püfferchen fertig zur Abholung. Um viertel nach zehn stürmte Muttern die Bude, krallte sich ihre Schüssel, zog Flori aus ihrem Einkaufskorb, sackte die Beute ein – und dann kam sie, die Frage, die ich gefürchtet hatte: „Sind die alle nur mit Rosinen?" „Äh ... ja, also dieses Jahr schon ..." „Wieso sind denn keine mit Äpfeln dabei?"

Ja, wieso denn nur nicht?

Die unschuldigen rotbackigen Äpfel aus meiner Obstschale, die als wichtiger Bestandteil des karfreitäglichen Festmahls vorgesehen waren, fanden ihr trauriges und unrühmliches Ende als Futter für die Amseln, nachdem sie von einem drogensüchtigen Top-Model im Pestizidrausch abgeleckt und dabei runter gekullert worden waren. Anschließend wurden sie wohl noch von einer wild gewordenen Katerbande als Fußbälle missbraucht, jedenfalls waren sie, als ich sie unter dem Küchenschrank hervor zog, in einem Zustand, der ihre Verwendung als Backzutat nicht mehr zuließ.

Mama meckert, Lilly hatte ihren Trip und die Amseln sind zufrieden ... Na dann frohe Ostern.

Es wird Frühling. Und Frühling ist nicht schön. Das sage ich nicht etwa, weil ich ein absonderlicher Schrat bin, der bei Ostwind und Graupelschauern auflebt. Ich sage das, weil im Frühling die Kater munter werden. So munter werden sie, dass man sich nachts Stöpsel in die Ohren machen muss, weil ein unablässiges Toben, Kullern und Schrankausräumen einem die Nachtruhe raubt.

Aber das wäre ja noch auszuhalten, wozu gibt es schließlich Ohrenstöpselfabriken. Ohrenstöpselfabrikanten und ihre Ohrenstöpselfabrikangestellten wollen auch ihr Auskommen haben. Man stelle sich die unabsehbaren Folgen für einen ganzen Industriezweig vor, gäbe es keinen Frühling und keine Kater!

Nicht auszuhalten für empathisches Katzenpersonal ist es hingegen, wenn als Folge des nächtlichen Gerangels morgens einer blinzelnd aus der Wäsche guckt, man den Ostwind als Übeltäter verdächtigt und sich dann beim vorsichtshalber aufgesuchten Tierarzt eine Hornhautverletzung als Ursache des Blinzelzwangs herausstellt.

Autsch. Zu ihrer Täterschaft befragt, als ich mit einem blinzelnden Flori und einer Batterie an Augentropfen und -salben nach Hause kam, stritten sowohl die Diva als auch der Kumpel ihre Beteiligung an der Floriverletzung ab. Es wollte auch keiner helfen, den armen Kranken medizinisch zu versorgen, weswegen nun dreimal täglich einer meiner Eltern anrücken muss, denn Flori hat sehr entschiedene Ansichten über Augentropfen und deren Anwendung an seinem geschundenen Leib.

Nach dreitägiger Floribehandlung ist das Personal ein nervliches Wrack, die Mutter des Personals hat nach einem Pfotenhieb eine geschwollene Hand, und Madame ist äußerst ungehalten über die ständigen Störungen des häuslichen Friedens. Einzig der Patient ist vom Blinzeln abgesehen putzmunter, räumt mit großem Elan Schubladen aus, tollt mit Fritz umher, klaut Kuchen und erklärt den Amseln, was er von hüpfenden schwarzen Gesellen so hält.

Jedenfalls bis morgen. Denn morgen wird er trotz aller Versuche, die Hilfstruppen außer Gefecht zu setzen, von diesen wieder zum Tierarzt verklappt, um abzuklären, ob die Therapie allen florischen Widerständen zum Trotz irgendwelche nennenswerten Fortschritte macht ...

14. April 2013

Blaue Bänder sind nicht jedermanns Sache. Als ich kürzlich, beschwingt durch die ersten milden Sonnenstrahlen, den Band „Die deutschen Romantiker – Teil 1: Lyrik" aus dem Regal holte und zu Fritzens Erbauung Mörikes berühmtes Gedicht deklamierte, war die Reaktion eher verhalten. Man maß mich verstörten Blickes und suchte Zuflucht unter dem Couchtisch, ich stellte ernüchtert das Werk zurück zu seinen staubigen Kollegen und fand mich ein weiteres Mal mit einer Welt ab, in der kein Raum ist für die Poesie.

Doch scheint des Katers Ablehnung gar nicht primär in seiner Aversion gegen literarische Gattungen begründet. Fritz kann ganz einfach den Lenz an sich nicht leiden!

Frühling ist nämlich voll blöd, wenn man ein Türentrauma hat. Und Fritz hat definitiv eins. Wenn man vor die Tür geht, dann kommt man vielleicht nicht wieder rein, das scheint zumindest seine Erfahrung zu sein, und darum traut er sich nicht vor die Balkontür, obwohl dahinter nichts Schlimmeres lauert als ein gesichertes Kleingehege. Allenfalls wagt er sich mal raus, wenn die Tür weit offen steht und der Rückweg gesichert ist. Aber durch die komische Katzenklappe geht er auf keinen Fall!

Und so saß der arme Tropf gestern traurig in der Wohnung, während Lilly und Flori sich draußen auf den gerade heraus gebrachten Gartenmöbelpolstern wohlig aalten, war einsam und verstoßen und seinen neuen

Freunden gram, die ihn so schmählich im Stich gelassen hatten. Eine Weile lungerte er in der Küche rum und sah beim Bratkartoffelbraten zu, bis er auf die unheilvolle Idee kam, seinen Frust an Lilly abzulassen, die auf dem Weg zum Katzenklo vorbei kam.

Lilly ist kleiner als die meisten Katzen, denn für ein Model hat sie ziemlich kurze Beine, und wer klein ist, muss gemein sein, wenn er sich in dieser großen bösen Welt durchsetzen will. Nach einer wilden Runde durch die ganze Wohnung hatte man einen ihrer Rückzugsposten erreicht: Den Schaukelstuhl im Schlafzimmer. Die Diva ging in Deckung, wohin Fritz ihr mit Triumphgeheul zu folgen trachtete.

Fataler Fehler. Flori ist schon längst nicht mehr so blöd, seine Nase unter ein Möbelstück zu schieben, unter dem Lilly sich verschanzt hat. Es knallte einmal kurz und heftig, und ein zutiefst gedemütigter Fritz floh auf den Kleiderschrank, wo ich zwanzig Minuten lieblichsten Flötens investieren musste, um das gebeutelte Tier zum Abstieg zu bewegen.

Ich hatte dann ein Einsehen und öffnete die Balkontür. Der Heizungsthermostat wird eh über einen Außenfühler geregelt, da kann man ruhig mal in der Hütte frieren, wenn es dem häuslichen und vor allem Fritzens Seelenfrieden dient.

21. April 2013

Fritz heißt gar nicht Fritz, sondern Krishna und ist der entlaufene Sektenkater einer bekifften Hippie-Kommune, deren ewige „Haare Krishna"-Intonation er in den Jahren bei den Alt-68ern total verinnerlicht hat. Anders ist die absolut widernatürliche Verwollung meiner häuslichen Umgebung einfach nicht erklärbar. Nun bringt der Frühling nebst seinen anderen Unannehmlichkeiten für die Mensch-Katze-Beziehung eben auch die Entflusung des tierischen Hausgenossen mit sich. Dennoch möchte ich behaupten, dass die Fritz-Entflusung eher die Ausmaße einer metaphysischen Häutung annimmt.

Morgen für Morgen das gleiche Drama. Kaum habe ich am Frühstückstisch meine tägliche Wette mit mir selbst verloren, dass ich es heute mal schaffe, meine Grapefruit zu löffeln, ohne mich komplett mit Saft zu besudeln, steht Fritz auf der Zeitung und köpfelt mir zielgenau die erste Ladung Katzenhaare ins klebrige Anlitz. Ich kann mich aber nicht deswegen bei ihm beschweren, denn dazu müsste ich den Mund öffnen, was wiederum zu einer unfreiwilligen Aufnahme von Haarballen führen würde. Also hebe ich das Tier vom Tisch und trage es vorsichtig ins Wohnzimmer, wo die Rupfbürste bereits auf ein Opfer lauert.

Da der Aufenthaltsort der Rupfbürste sich in unmittelbarer Nähe des Tresors befindet, in dem ich mangels sicherer Möglichkeiten das Katzenfutter aufbewahre, findet sich alsbald der Rest des Hausstandes ein und wohnt der Fritzentrupfung mehr oder minder interessiert bei. Lilly schiebt gelangweilt ab, sobald sich abzeichnet, dass die Tresortür nicht geöffnet wird, während Flori in Fritzens Ohren nach Essbarem gründelt. Irgendwo muss es doch versteckt sein. Die lungern doch nicht umsonst vor dem Tresor rum!

Fritz, der soweit aus der Art geschlagen ist (oder sehr stark von der „Peace"-Mentalität seiner Herkunftskommune durchdrungen), dass er der Bearbeitung seiner Epidermis mit der Rupfbürste einen gewissen Wellness-Faktor zugesteht, hat indes auch seine Grenzen, und seine Grenzen liegen definitiv außerhalb seiner Ohren. Fritz haut Flori was an die Backen. Flori schmeißt sein Kampfgewicht daraufhin auf Fritz, der diesem nicht standhält und zu Boden geht, wobei es ihm gerade noch gelingt, auch den Gegner zu Fall zu bringen. Die Rupfbürste ist während der Kampfhandlung nach wie vor im auszudünnenden Fellkleid verhakt. Und ich bin in die Rupfbürste verhakt.

Wie oft habe ich mich schon zu mehr Selbstdisziplin in Situationen ermahnt, in denen Katerkrallen und Rupfbürstenborsten sich in meine Hände senken, aber ich muss mich auch diesbezüglich als ebensolchen Versager outen wie in meinem täglichen Kampf Mensch gegen Grapefruit. Jedes Mal schreie ich Aua und habe dann auch noch die Diva in den Kniekehlen hängen.

Fazit: Man soll seine gebrechlichen Finger vom Katzenbürsten lassen. Haare, Krishna!

28. April 2013

Ich finde mein Leben grade mal wieder echt nicht leicht. Wenn ich lange genug drüber nachdenke, halte ich mich sogar für eine der bedauernswertesten Personen auf diesem Planeten. Zum Glück bin ich aber mit drei ausgesprochen rücksichtsvollen, fürsorglichen und einzig auf mein Wohl bedachten Katzen gesegnet. Ohne die wäre ich bestimmt schon zwei Meter tief unter der Erde!

Ich lebe ja nun wirklich recht asketisch. Keine Drogen, keine Zigaretten, wenig Alkohol, nicht mal ein Kerl, der renitente Kater beim Augentropfen festhält und vielleicht noch für was anderes zu gebrauchen ist. Da ich immer der Ansicht war, dass ein Leben ganz ohne Laster auch nicht gesund sei, habe ich mich einer anderen Sünde hingegeben: Mayonnaise! Ich liebe Mayonnaise. Vor allem auf Pommes.

Und dann das. Anfang des Jahres plagte mich ein sonderbares Zwicken, was meinen Hausarzt zu einer Durchleuchtung meiner Innereien veranlasste und infolgedessen zu der humoristischen Erkenntnis, ich sei ein „steinreiches Mädchen": Gallensteine! Adieu Mayonnaise, Bonjour Tristesse.

Auf vieles muss ich seither verzichten, was mir lieb und fettig ist. Das fällt mir nicht immer leicht. Manchmal werde ich auch schwach, und dann kaufe ich mir doch wieder eine Puddingbrezel beim Bäcker, lege sie in ihrer Bäckertüte hinter die Brotmaschine und vergesse sie da, weil es an der Tür klingelt und mal wieder der Klempner davor steht. An der Therme ist ein Dichtring kaputt, und sie mag außerdem kein warmes Wasser mehr produzieren.

Zwei Stunden später. Die Therme produziert wieder warmes Wasser und beherbergt einen neuen Dichtring, und ich habe Hunger. Freudig eile ich meiner Puddingbrezel entgegen. Man darf seine steinige Galle nämlich auch nicht unterfordern, sonst wird sie träge, was dem Zusammenleben von Mensch und Gallenstein auch nicht eben zuträglich ist. Es kommt auf ein ausgewogenes Maß an Fettzufuhr an. Das ausgewogene Maß besteht in diesem Falle aus einer Puddingbrezel, in der die Hälfte des Puddings fehlt. In der Bäckertüte klafft ein Loch, und der leckere Vanillepudding ist säuberlich aus der Brezelumrandung heraus geleckt.

Das ist so gemein. Anklagend schwenke ich die Bäckertüte, hadere laut mit meinem fettarmen und freudlosen Schicksal und fordere den Schuldigen auf, sich umgehend zu seiner Missetat zu bekennen. Als ich jedoch in die Gesichter der drei Beschuldigten blicke, deren engelsgleiche Reinheit die pure Lauterkeit ihrer Absichten spiegelt, da überkommt mich eine tiefe Scham.

Mama den Pudding aus der Brezel geklaut? Diebe sollen wir sein, die sich an der heimlich gestohlenen Leckerei ergötzen? Haben nicht auch wir Gallen, die versteinern, und Leiber, die verfetten können? Und doch nehmen wir das auf uns, auf dass uns deine Gesundheit noch lange erhalten bleibe! Wer soll uns schließlich sonst die Dosen aufmachen!

Eine bodenlose Reue überkommt mich im Angesicht solchen Märtyrertums. Selbstlos wie es ihre Art ist, haben meine treuen Lieblinge wieder einmal ohne Rücksicht auf die eigene Gesundheit alles riskiert, nur um mich vor einer Gallenkolik und sich selbst vor einer krankenhausbedingten Unterversorgung zu bewahren!

(Und ich kann mir wieder was anhören, wenn ich das nächste Mal unter Ächzen und Stöhnen meines Floris beachtliches Kampfgewicht beim Tierarzt auf den Behandlungstisch wuchte.)

5. Mai 2013

Die Konsumwelt ist ein Hort des sinnlosen Plunders. Überall kann man Dinge kaufen, die die Welt nicht braucht. Ablagekörbchen für Spülschwämmchen zum Beispiel. Oder flötende Gartenzwerge. Und Kratzbäume mit mehreren Stämmchen.

Was soll das, frage ich mich immer. Das ist doch Beutelschneiderei. Man kann einen Haufen Geld ausgeben für ein paar sisalumwickelte Papprollen, von denen immer nur eine Auserwählte das Privileg genießt, von den Tieren des Hauses bekratzt zu werden – dann allerdings richtig. Ganze Generationen von Kratzbäumen habe ich in meinem Haushalt schon kommen, einsäulig zerrupft werden und in großen Teilen fabrikneu wieder gehen sehen. Das muss doch nicht sein! Wie viele Bäume sterben für so eine olle Papprolle, die dann im maschinell gewickelten Ursprungszustand den Weg in die Abfalltonne geht! Grundsätzlich ist die favorisierte Kratzsäule nämlich auch immer diejenige, die man nicht einfach durch eine weniger beliebte Schwester mal eben so ersetzen kann. Und man braucht auch gar nicht auf die vollkommen abwegige Hoffnung zu setzen, die kratzpfötigen Lieblinge würden nach der Totalzerrupfung der Favoritensäule ein Einsehen haben und mit Rücksicht auf die sinnvolle Nutzung von Ressourcen nach erfolgter Zerstörung einen noch jungfräulichen Teil des Kratzbaumes zugrunde richten. Sind sie mit der Lieblingssäule fertig, machen sie am Sessel weiter. So einfach ist das. Das Personal kann ja einen neuen Kratzbaum kaufen.

Oder eine neue Säule. Das geht natürlich im Notfall auch. Dachte ich jedenfalls. Der Notfall war schon lange eingetreten, der Sessel bereits arg lädiert und Säulen in der passenden Größe endlich gefunden. Frohen Mutes brachte ich daheim den Kratzbaum zu Fall, was Fritz, der Veränderungen gegenüber nicht allzu aufgeschlossen ist, zu einer pantomimischen Interpretation von „Mein Freund, der Baum" veranlasste.

Flori nahm die Situation wie üblich pragmatischer und sortierte zunächst einmal das Werkzeug. Wie jetzt, der passende Inbus fehlt? Alter. Weiber und Werkzeug!

In der Tat war aber der Inbus in der passenden Größe abhanden gekommen, so wie überhaupt sehr häufig Werkzeug auf unerklärliche Weise verschwindet. Zum Glück war wenigstens Frauchens Fahrradwerkzeug noch da, wo es hingehörte. Die Handhabung allerdings fand nicht Floris Beifall. Das ist doch Murks! Das seh ich doch! Geh mal weg, lass mich mal ran, das wird doch nix!

Nur dem entschlossenen Eingreifen des hauseigenen Handwerkermeisters ist es zu verdanken, dass der Kratzbaum nun endlich zum guten Schluss doch noch eine neue Säule bekommen hat. Die von den Kratzbedürftigen aus sicherer Entfernung beäugt, mit langen Hälsen berochen und schließlich ratlos umringt wurde, während das Personal eifrig mit den Fingernägeln daran schabte und dabei was von „Feiner Kratzbaum, ja feiner neuer Kratzbaum!" vor sich hin brabbelte.

Lilly wandte sich schließlich als erste angewidert von diesem unwürdigen Schauspiel ab, schritt energisch zum Sessel und kratzte sich dort bis auf die Schaumstofffüllung vor. Du glaubst, mit einer blöden neuen Säule ist es getan? Wenn du dich da mal nicht verschätzt hast!

Geistige Beweglichkeit auch noch im Alter ist eine Gabe, für die man dankbar sein sollte. Darum freue ich mich auch immer über Lillys Gewandtheit im mentalen Bereich. Da ist sie nun schon dreizehn Jahre alt, hat zwei Frauchen, eine Katzenfreundin und vier Kater verschlissen – von den Sofas ganz zu schweigen –, und dennoch zeigt sie so gar keine Tendenz, mit fortschreitendem Alter ihre intellektuelle Entwicklung auch nur im mindesten zu verlangsamen. Täglich überrascht sie uns, die wir mit ihr leben, mit neuen Ideen und unerwarteten Impulsen. Beispielsweise mit der Bereitschaft, sich in der Frage der schützenswerten Arten als außerordentlich flexibel zu erweisen.

Einiges ist in Lillys Augen schützenswert, allem anderen voran natürlich Flori, dessen kindlicher Entwicklungsdrang nach Kräften gefördert und gegen die manchmal reichlich spießige Auffassung von Ordnung und Disziplin seitens des Personals energisch verteidigt wird. Was soll denn das heißen, raus aus dem Schrank?! Wenn er doch da rein will und die Schüsseln deswegen raus fallen, dann lass ihn doch gefälligst! Also wirklich! Du kannst das doch wohl wieder einräumen, wenn der Kleine da drin fertig ist, wofür lässt man dich denn sonst hier wohnen!

Die letzte schützenswerte Art, die Lilly unter ihre ziemlich militante Fittiche genommen hat, ist das Katzenklo. Wieder einmal war der Tag gekommen, da die Katzenklos gründlich gereinigt werden sollten. Frische Streusäcke standen bereit, das alte Streu hatte seinen Weg auf den Kompost gefunden, und die Schalen harrten in der Dusche ihrer Abreibung. Kaum plätscherten die ersten warmen Wasserstrahlen hernieder, quetschte sich Flori in die Dusche und haschte nach dem sprudelnden Nass. Unter Floris Vorfahren haben sich nämlich auch Meerkatzen befunden, und darum macht es Flori gar nichts aus, im Regen rumzusitzen oder auch in der Dusche. Pudel-nass und glücklich hockte er auf dem Rand und patschte im Wasser rum.

Soweit alles wie gehabt. Bis mit einem Mal Madame unter meinen schrubbenden Armen auftauchte. Waaas! Das Kind hat nasse Ohren! Und die Katzenklos sind voll mit Wasser statt mit Streu! Eine Frechheit! Dieses total unfähige Personal!

Sekunden später. Einsam plätschert das Wasser über verlassene Katzenklos. Das Personal steht samt Spülbürs-te in respektvoller Entfernung am Waschbecken, während ein verwirrter Kater mit nassen Ohren keifend aus der Dusche gescheucht wird und an der Tür noch ein paar Ohrfeigen kassiert. Entwicklungsdrang hin oder her, eine anständige Katze spielt nicht im Wasser – hier ist der geistigen Beweglichkeit einfach mal eine natürliche Gren-ze gesetzt. Basta!

19. Mai 2013

Diese Woche ließ irgendwie zu wünschen übrig. Und das, obwohl ich Urlaub hatte. So einen Urlaub, wo einem Murphy mit seinem doofen Gesetz einfach nicht von der Seite weicht. Mieses Wetter, ärgerliche Ereignisse, nichts läuft so, wie man es sich vorgenommen hat.

Erst am Mittwoch besserten sich das Wetter und mei-ne Laune vorübergehend. Gerne hätte ich diesen seltenen meteorologischen Ausnahmezustand für eine Radtour genutzt, doch hatte sich just für diesen Tag Floris bester Kumpel, der Klempner angesagt, um die Therme zu war-ten.

Auch solche Ereignisse muss man nur zu nutzen wis-sen. Flori war damit beschäftigt, Werkzeug zu sortieren und den Klempner bei seiner Arbeit tatkräftig zu unter-stützen, Lilly schmollte unter dem Couchtisch und Fritz hatte sich auf dem Kleiderschrank verschanzt. Eine Gesamtsituation also, die mir ein anderthalbstündiges Zeitfenster verschaffte, um mich endlich mal der Balkonbegrünung zu widmen, ohne dass unablässig durch das Gehegegitter gepfötelt und geplärrt wurde.

Konzentriert arbeitete ich mich durch Blumenkästen und Pflanzsteine und konnte mein Werk fast zeitgleich mit der Thermenwartung beenden. Der Klempner verließ das Haus, ich setzte mich zu einer wohl verdienten Mittagspause an den Balkontisch, und der männliche Teil der Katzenbevölkerung bezog seine Posten, um nach meinem Käsebrötchen zu pföteln.

Da bin ich aber hart wie Granit. Ich gebe grundsätzlich nichts von meinem Käsebrötchen ab. Fast gar nichts. Also jedenfalls nur ganz ganz wenig. Fast die Hälfte esse ich selber. Man muss da sehr konsequent sein, sonst denken die, sie hätten ein Anrecht auf anderer Leute Käsebrötchen, und dann quengeln sie jedesmal, wenn man ein Käsebrötchen isst, und pföteln durch das Gitter und wollen was ab haben. Das darf man gar nicht erst einreißen lassen.

Nachdem man fast gar nichts von meinem Käsebrötchen abbekommen hatte, machte sich ein wenig Langeweile breit. Fritz saß auf dem Tisch, und Flori beschäftigte sich mit einem blauen Blumentopf, der noch unbepflanzt in Reichweite herumstand und sicherlich als Herausforderung an seine Geschicklichkeit dort aufgestellt worden war. Eine Herausforderung, der sich ein geschickter Handwerker wie Flori selbstverständlich mit Leichtigkeit gewachsen zeigte: Nach nur drei Tatzenhieben fiel der Blumentopf mit einem vernehmlichen „Clonk" auf die Seite und rollte hin und her. Clonk! Clonk!

Tolle Sache. Die Beute bewegt sich! Kaum war der arme Blumentopf ermattet liegen geblieben, ward er von Flori neu in Schwung gesetzt. Clonk! Clonk! Flori geriet regelrecht in Ekstase und versetzte den gefällten Gegner in immer neue und größere Schwingungen. Clonk! Clonk! Clonk!

Mittlerweile wurde das Personal unruhig, Lilly kam aus dem Wohnzimmer, und Fritz setzte schon mal eine unschuldige Miene auf. Fritz ist sehr sensibel und spürt nahendes Unheil, dessen Auswirkungen er mit der Präsentation seiner Unschuldsmimik zu entgehen versucht. Flori hat überhaupt keine Antennen und rollte weiterhin den Blumentopf. Clonk!

Lilly setzte sich erst einmal hin und sah dem Treiben eine Weile zu, um für sich zu reflektieren, ob es sich bei dem Dargebotenen um eine künstlerische Ausdrucksform ihres Schützlings oder um ein ziemlich nervtötendes Spiel handelt. Nach reiflicher Überlegung entschied sie sich für eine Interpretation zugunsten der letzt genannten Möglichkeit, stand auf und ohrfeigte Flori heftig.

Flori ließ verdattert von dem Blumentopf ab, Lilly teilte nochmal lautstark und ausdrücklich ihre Meinung zu Spielen mit, die „Clonk" machen, und Fritz floh panisch auf den Kleiderschrank. Das Personal lässt sich ja leicht von Unschuldsmienen manipulieren, aber wenn Lilly erst mal in Fahrt ist, ist es besser, man sucht sein Heil in der Flucht!

26. Mai 2013

Ich hatte sie endlich – die zündende Geschäftsidee! Die Wellness-Branche boomt, und wer sich nach Ganzkörperschokoladenbeschmierung, Ohrkerzeneinstöpselung und Lichtbeorgelung immer noch unentspannt fühlt, für den biete ich jetzt den ganz neuen, ultimativen Wohlfühl-Trend: Rent-a-Flori!

Alles, was Sie benötigen, ist eine Mülltonne sowie ein Girokonto, von dem Sie mir bitte einen horrenden Betrag überweisen wollen. Innerhalb von acht Werktagen kommt Flori per Post zu Ihnen, auf Wunsch und natürlich gegen Aufpreis in einer ansprechenden Geschenkverpackung. Nun müssen Sie ihn nur noch auspacken. Ihre Mülltonne findet Flori von ganz allein. Auch beim Umkippen des Behältnisses sowie dem Verteilen des Inhalts auf Ihrem Küchenfußboden müssen Sie ihm nicht behilflich sein. Flori arbeitet selbstständig und zuverlässig.

Sie selbst müssen lediglich warten, bis Flori sich nach erfolgter Müllverteilung auf die Arbeitsplatte Ihres Küchenschrankes oberhalb des umgekippten Mülleimers zurück gezogen hat.

Nun holen Sie Ihr Kehrblech und den Besen. Beugen Sie den Oberkörper um etwa 90 Grad nach vorne. Den Rücken gerade lassen! Befindet sich Ihr Rückenniveau in etwa auf einer Ebene mit dem Ihrer Küchenarbeitsplatte, beginnen Sie den Müll zusammen zu fegen und genießen Sie schon nach kurzer Zeit die wohltuende Wirkung der Florifußmassage auf Ihre verspannte Rückenmuskulatur. Durchqueren Sie in dieser Haltung mehrmals Ihre Wohnung, je nach gewünschter Massagedauer. Achten Sie dabei auf strikte Einhaltung der 90-Grad-Haltung. Abweichungen werden sofort registriert und durch Perforierung Ihrer Epidermis korrigiert.

Achtung: Richten Sie sich keinesfalls einfach auf, um die Florifußmassage vorzeitig zu beenden! Dies könnte eine schmerzhafte Florifußverankerung in Ihrer Rückenmuskulatur zur Folge haben, welche dem Wellness-Erlebnis nicht förderlich ist. Halten Sie sich stattdessen stets in der Nähe einer Ihrem Rückenniveau entsprechenden Alternativebene auf, auf die der Masseur hinüber wechseln kann, sobald er Ihre Rückenmuskulatur als entspannt genug erachtet.

Bitte beachten Sie: Die Floriverweildauer in Ihrem Haushalt sollte 24 Stunden nicht überschreiten, andernfalls wird eine Überziehungspauschale fällig, da unser Masseur stark gefragt ist.

(Länger werden Sie ihn aber eh nicht behalten wollen.)

+++Rent-a-Flori+++Jetzt buchen+++Nur noch wenige Termine für 2013+++Jetzt buchen+++

Wir haben seit kurzem neue Nachbarn, die von einem gewissenlosen Immobilienhai aufs Übelste beschissen wurden und das nun an uns auslassen.

Man kennt das ja. Bei der Besichtigung der ruhigen Wohnlage werden einem Grundschulen, Eisenbahntrassen oder Truppenübungsplätze in der Nachbarschaft im Maklergespräch gerne vorenthalten. Da muss man halt ein bisschen aufpassen. Der findige Mieter in spe lernt rasch, auf welche untrüglichen Anzeichen man zu achten hat. Und mal ehrlich: Wäre ich eine Meise, mir hätte ein vergitterter Balkon voller Spielmäuse schon zu denken gegeben!

Der Typ von Nestbau-Immobilien scheint mir ein ganz windiger Vogel zu sein. Wie er dem jungen Meisenpaar, das ausgerechnet den Hohlraum zwischen Regenrinne und Dachpfannen auf meinem Balkon als Wohnung erkoren hat, das Katzengehege erklärt hat, das bleibt sein Geheimnis. Och, das da, da müssen Sie sich gar keine Gedanken machen, das ist bloß ein Freilauf für Serienkiller im Maßregelvollzug. Oder ein geheimes Terroristen-Straflager der CIA. Jedenfalls nichts, was aus Meisensicht irgendwie bedrohlich bei der Brutpflege wirken könnte.

Bis dann gestern das Wetter etwas besser wurde und Flori ins Gehege latschte. Seither haben wir den Salat. Ständig sitzt irgendwo ein zeterndes Meisentier im Blumentopf und verliert vor lauter Gegeifer das Würmchen für den nach Nachschub schreienden Nachwuchs. Der arme Flori versteht ja zum Glück nicht, welch ein Unflat ihm da um die tauben Ohren geschlagen wird, aber es muss schon tief unter der Gürtellinie sein. Fritz ist jedenfalls postwendend auf den Kleiderschrank geflüchtet, als das Gekeife losging, während Flori sich hilflos schnatternd erst mal duckte.

Einzig Lilly, wie üblich wenig konfliktscheu, wenn es um die Verteidigung der Katerschaft geht, hörte sich die Pöbeleien eine Weile schwanzwedelnd an und beendete den Krawall dann durch einen beherzten Satz ans Gitter, wo sie wie ein Klammeräffchen hing und den Nachbarn mal erklärte, was eine Diva für einen angemessenen Umgangston hält.

Seither ist Ruhe. Jedenfalls, bis ich mit meinem Wäschekorb heraus kam und mich erdreistete, den Meisenheim-Ausblick durch das Aufstellen einer Wäschespinne zu verschandeln. Aufs übelste beschimpft und mit Würmern beworfen, stand ich gedemütigt da und konnte selbst sehen, wie ich mit dieser Konfliktsituation fertig wurde.

Für die Angelegenheiten des Personals ist Madame schließlich nicht zuständig.

9. Juni 2013

Fritz möchte auch mal was sagen. Und zwar findet er das voll gemein, wie hier immer alles total falsch dargestellt wird. Ob zum Beispiel was gefunden oder geklaut wurde, das kommt ja wohl auch auf die Perspektive an!

Donnerstag ist mein freier Tag. Jedenfalls nennt sich das so, weil ich donnerstags nicht zur Arbeit muss. Mein freier Tag gestaltet sich allwöchentlich so wie vermutlich die meisten freien Tage der meisten mit einer Vollzeitstelle beglückten Bürger: Arzttermin, Einkaufen, die Bücher müssen zurück in die Leihbücherei, der Kater muss zur Nachkontrolle und die Wohnung will geputzt sein.

Da ist es wohl nur recht und legitim, wenn man sich zwischendurch mal eine kleine Pause gönnt. Sich ein wohl verdientes Brötchen schmiert, einen Joghurt löffelt und einen schönen Pfefferminztee trinkt. Immerhin ist man auch an seinem freien Tag bereits seit sechs Uhr auf den Beinen, weil gewisse Haushaltsmitglieder auch donnerstags auf einem pünktlich servierten Frühstück bestehen. Das Mittagsmahl hatten sich die weniger produktiven Teile der Hausgemeinschaft ebenfalls bereits einverleibt, was das nachfolgend Geschilderte umso unverständlicher und gewissenloser erscheinen lässt.

Das Brötchen ist aufgeschnitten, der Tee zieht, der Kühlschrank wird geöffnet und eine Packung Tofu-Wurst-Attrappe entnommen. Kaum will ich mich zum Brötchen wenden, werde ich von Flori ausgebremst, der immer dann sein Gehör wieder zu erlangen scheint, wenn die Kühlschranktür geöffnet wird. Gerade lag er noch schlafend im Bett, nun steht er da wie hingezaubert und versucht die Wurstattrappe an sich zu bringen. Mit erhobenen Armen kämpfe ich mich zum Brötchen durch. Tofu hinwerfen, Flori aus der Margarine heben, den Tofu aus dem Einflussbereich zweier getigerter Pfoten schieben, die mit einem Mal auf dem Schrank herumtasten. Flori zu Boden befördern, Brötchen schmieren, Brötchen belegen.

Geschafft. Jetzt der Joghurt. Zuerst jedoch will der Brötchenteller zwischengeparkt sein, nach dem mittlerweile brüderlich vier Pfoten angeln. Der Brötchenteller wird auf die Sicherheitszone 1 – Mitte des Küchentisches – verbracht und der Kiloeimer mit Stracciatellajoghurt aus dem Kühlschrank entnommen, dessen Inhalt ich in ein Schälchen portioniere.

Dieser äußerst nachlässige taktische Fehler wird sich ohne Gnade von den feindlichen Truppen zunutze gemacht, die sich zu einer Umzingelungstaktik entschließen. Während Flori mit dem Kopf im Joghurteimer verschwindet, entert Fritz den Tisch und ergreift eine Brötchenhälfte, die er unter dem Tisch in Sicherheit bringt. Bei der Rückeroberung ist bereits die Attrappenwurst von ihrer Unterlage getrennt worden und wird argwöhnisch berochen. Häh, Tofu? Na ja, egal – he! Das hab ich erbeutet!

Während ich den Tofu vom Boden klaube und einen kurzen Kampf mit meinem Hausfrauengewissen ausfechte – was soll's, ich habe schließlich grade gewischt, einmal unter den Wasserhahn und wieder aufs Brötchen damit –, rückt Lilly als Verstärkung an und haut mir auf die Füße: Was soll denn das, den Jungs die Beute abnehmen, gib denen das gefälligst sofort zurück und gib mir auch was ab!

Toll, drei gegen einen. Ich ziehe Floris Kopf aus dem Joghurteimer, wobei ich auf einem Bein balanciere, um mit dem anderen Fuß Lilly auf Abstand zu halten. Fritz weiß seine Chance zu nutzen und klaut die zweite Brötchenhälfte, wobei der Teller vom Tisch fällt.

Verdammt. Jetzt reicht es aber. Ich klemme mir Flori unter den Arm, der den Joghurt nun direkt aus dem Schälchen schlabbert, tauche unter den Tisch, greife mir den mordsgefährlich knurrenden Fritz und schleife die Gefangenen in Richtung Schlafzimmer. Beim Proteststrampeln kommt man sich ins Gehege und fängt an, sich gegenseitig auf die Köpfe zu hauen, wobei meine Arme in arge Mitleidenschaft gezogen werden. Egal, Zähne zusammenbeißen! Indianer und Katzenbedienstete kennen keinen Schmerz!

Kurz vor Erreichen des rettenden Gefangenenlagers mit der um sich kloppenden Fracht ereilt mich dann doch noch der Rückschlag: Ein aus dem Hinterhalt ausgeführter Befreiungsschlag der Partisanentruppen! Mit einem gellenden „Meeeek" verbeißt sich das zahnlose Lillykommando in meine Ferse, Fritz entgleitet mir, Flori rutscht hinterher, und ich komme zu dem Schluss, dass Marmelade auf dem Brötchen vielleicht nicht leckerer, aber zumindest stressfreier ist.

Im Gegensatz zu ihrem in Freiheit herum streunenden Kollegen fristet die Wohnungskatze ein karges Dasein in reizarmer Umgebung. Längst hat die moderne Haushaltsführung alles aus der häuslichen Umgebung verbannt, was ein wenig Abwechslung in das Leben des kleinen Hausgenossen bringen könnte. Kakerlaken, Mäuse und Stubenfliegen werden mittels neuzeitlicher Errungenschaften wie Leimfallen, Tupperdosen und dem gefürchteten Flauschvorhang aus ihrem bevorzugten Lebensraum verdrängt, der Hang zur Hygiene vernichtet gar das häusliche Biotop für diese Kleinstformen unserer heimischen Fauna. Mit der fatalen Folge, dass unser kleiner flauschiger Freund, der Stubentiger, sich unendlich langweilt, fett und träge wird und seine Existenz auf unseren Sofas verdämmert.

Es ist daher an uns, die Umgebung unseres Lieblings spannend und abwechslungsreich zu gestalten. Indem wir sie zum Beispiel mit Schranktüren ausstatten, hinter denen wir allerhand Dinge zum Herauskramen deponieren. Oder indem wir gleich ganze Räume mit Türen verschließen, deren Öffnung dem Einlass ins Phantasialand gleichkommt.

Mein häusliches Phantasialand heißt Rumpelkammer, misst knappe drei Quadratmeter und beherbergt neben ausrangiertem Gerümpel und Getränkekisten auch den Werkzeugkasten und die Gastherme, was erklärt, warum die Katzen und speziell Flori nicht unbeaufsichtigt hinein dürfen. In der Prä-Flori-Ära war die Rumpelkammer für die gesamte Hausgemeinschaft frei zugänglich. Floris Interesse an den Feinheiten der Gas-Wasser-Installation ließ eine Access-all-Area-Mentalität jedoch nicht länger ratsam erscheinen. Fortan blieb die Rumpelkammer zu und darf nur noch unter Aufsicht betreten werden.

Doch ist es gerade jener Ruch der verbotenen Zone, der die Rumpelkammer nicht nur für passionierte Hobbyinstallateure interessant macht. Kaum geht die Tür auf, trappeln Pfoten durch den Flur, und die No-Go-Area wird im Sturm erobert. Während Fritz sich dabei wie üblich auf eine eher harmlose Erkundung des Gelben Sacks beschränkt, hat Flori – ebenso üblich – eine perfidere Strategie entwickelt, um aus der Eroberung der Tabuzone eine Besetzung zu machen. Unter dem Regal steht nämlich die Katzenfalle. Die Katzenfalle passt von der Länge her exakt unter das Regal, und zwischen Regalunterseite und Fallenoberseite passt exakt ein fetter Kater, der sich in den Freiraum presst und sich mit den Krallen ins Gitter hakt.

Dieses Szenario spielt sich vorzugsweise zur Zubettgehzeit ab. Bevor ich zu Bett gehe, deponiere ich nämlich auch den Mülleimer in der Rumpelkammer, der sonst unweigerlich aus dem Spülschrank geholt und umgekippt wird. Gemeinsam mit dem Mülleimer halten auch Fritz und Flori Einzug in der Rumpelkammer, was in der Regel nicht geplant und auch nicht erwünscht war. Fritz wird aus dem Gelben Sack gezogen und in den Flur verfrachtet, anschließend muss unter undamenhaftem Fluchen die Katzenfalle unter dem Regal hervor gezerrt und der verhakte Flori von ihr gelöst werden. Unterdessen ist Fritz wieder herein marschiert und hat sich hinter einem alten Klappsessel verschanzt. Ist Fritz geborgen, hockt Flori wieder auf der Falle.

Irgendwann befinden sich beide Kater außerhalb der Rumpelkammer, das Personal geht zu Bett, sinkt ermattet nieder und löscht das Licht. Gnädig senkt sich der Schlummer auf mein müdes Haupt – bis aus der Rumpelkammer ein leises „Huh?" erklingt, das sich zu einem etwas lauteren „Huhuu!" und schließlich zu einem unüberhörbar lauten „Miiieeep!" steigert.

Mist. Natürlich. War ja klar. Während ich mit der Evakuierung der Kater beschäftigt war, ist Madame unbemerkt in die Rumpelkammer gehuscht und beschwert sich nun vernehmlich über diese unzumutbare Form der Freiheitsberaubung. Also: Licht an, raus aus dem Bett,

Rumpelkammertür auf, sich auf die Zehen kloppen lassen, zurück ins Bett humpeln. Allmählich sollte ich wirklich mal ernsthaft über den Erwerb von Stahlkappenschuhen nachdenken.

Vielleicht baue ich aber auch um die Therme einfach so eine Art Haikäfig. Dann kann die Tür offen bleiben. Und das Phantasialand und meine Zehen bleiben unbehelligt.

23. Juni 2013

Kliniken mag ich nicht. Ich habe schon die Schwarzwaldklinik nicht geguckt. Und selbst George Clooney, dem ich durchaus eine gewisse Sehenswürdigkeit zugestehe, konnte mich nicht zu einem regelmäßigen Konsum von „Emergency Room" verleiten.

Und sollte George Clooney leibhaftig in der örtlichen Tierklinik arbeiten, so wäre das kein Anlass für mich, meine negative Einstellung allem Klinischen gegenüber noch einmal kritisch zu überdenken. Kliniken sind und bleiben ein Hort des Grauens, und es wird mir ein ewiges Rätsel bleiben, warum um alles in der Welt unaufhörlich Fernsehserien über jene Orte des Schreckens gedreht werden!

Samstagmorgen. Natürlich. Wenn Tiere krank werden, dann werden sie es zuverlässig am Wochenende. Flori stellte nach dem Frühstück den selbst für Katzen bemerkenswerten Rekord in der Kategorie „Impulsive Nahrungsrückgabe" auf und kotzte fünfmal hintereinander in die Küche. Fritz war sehr beeindruckt. Ich wischte auf, fuhr zur Arbeit und meldete mich für den Nachmittag in der Notfallsprechstunde der Tierklinik an.

Dort wurde Flori (nicht von George Clooney) abgehorcht und abgetastet und, da sich kein Befund ergab, für gewiss sehr krank erklärt, weswegen eine Röntgenuntersuchung unerlässlich sei.

Die technischen Wunder der modernen Medizin offenbarten einen verstopften Kater. Ich war erleichtert. Bloß eine Verstopfung! Nun würde man dem leidenden Tier gewiss einen Einlauf verpassen, so wie es mein Haustierarzt immer machte, und wir könnten beruhigt nach Hause gehen und frohgemut der Lösung des Problems entgegen schauen.

Doch weit gefehlt. Die Verstopfung, so erklärte ernst Nicht-George-Clooney, sei von bedenklichem Ausmaß und als absolut pathologisch einzustufen. Vermutlich sei sie auch nur das Symptom einer viel schlimmeren Erkrankung, die sich noch gar nicht offenbart habe. Einer Lendenwirbelerkrankung beispielsweise, die die zur Darmentleerung erforderliche Körperhaltung erschwere und so zu Monsterverstopfungen führe.

Ratlos schaute ich das Röntgenbild an und suchte nach für den Laien vielleicht nicht auf den ersten Blick erkennbaren Deformationen an Floris Lendenwirbeln, die, so beeilte sich Nicht-George-Clooney zu erklären, auch für ihn als Nicht-Laien nicht erkennbar seien. Dennoch sei nicht auszuschließen, dass sie trotzdem vorhanden seien. Man müsse das dringend und sofort gründlicher untersuchen. Auf keinen Fall dürfe Flori mit nach Hause gehen. Es sei unumgänglich, dass er das Wochenende in der Tierklinik verbringe und als Notmaßnahme Infusionen erhalte, um die gestauten Massen in ihm in Bewegung zu bringen.

Flori wurde fort gebracht, ich fuhr allein nach Hause, und Lilly geisterte die ganze Nacht in der Wohnung umher und rief suchend nach dem Kind. Erst am Sonntagmorgen hatte sie sich ein wenig beruhigt, sich mit den Verlusten abgefunden, die das Leben so mit sich bringt, und sich Fritz zugewandt, dem die ungewohnte Zuwendung sichtlich unheimlich war.

Ich kam auch langsam wieder zu Verstand. Lendenwirbel? Infusionen?

Und wenn der kleine Trottel einfach nur bei dem heißen Wetter zu wenig getrunken hatte?

Ein Anruf in der Tierklinik. Flori war immer noch verstopft, und man betete immer noch das Mantra vom Lendenwirbelschaden und riet mir zu einer Verlängerung des Klinikaufenthaltes, um dem geheimnisvollen Leiden, das sich nicht einmal auf Röntgenbildern offenbarte, doch noch auf die Spur zu kommen.

Ich war mittlerweile mit mir überein gekommen, dass auch mein Haustierarzt Floris Lendenwirbel untersuchen konnte. Und zwar gleich am Montagmorgen.

24. Juni 2013

Seit anderthalb Stunden bin ich endlich zu Hause. Und nicht nur ich: Flori ist zurück! Ich habe heute Morgen von der Arbeit aus in der Tierklinik angerufen, das Lendenwirbel-Mantra ignoriert und darum gebeten, Flori transportfähig zu machen. Mein Vater käme ihn abholen. Überraschenderweise wurde mir daraufhin berichtet, dass Flori sich nun auch endlich entleert habe und, so dies mein Wunsch sei, die Klinik verlassen dürfe.

Es war mein Wunsch. Flori erwartete mich beim Heimkommen bereits auf dem Balkontisch, steckte gleich mal den Kopf in die Tierarzttüte, die ich mitgebracht hatte, und danach wurde ich begrüßt. Anschließend wurde eine Futterdose vom Schrank gefegt, das Abendessen rein geschlagen und ein ordentlicher Haufen gemacht. Derart gesättigt und erleichtert, wurde die Bude gerockt, gerannt und getobt und Fritz verfolgt: Ich bin wieder daaaahaaa!

Fritz trägt es mit Fassung, nur Lilly tut sich wie üblich schwer mit dieser neuerlichen Veränderung. Gerade hat sie sich mit Floris Verlust abgefunden, da wird er von dem grässlichen Mann wieder ins Haus geschleppt, nervt und riecht komisch. Da soll sich mal keiner wundern, wenn man als Diva erst mal das Essen einstellt und alle anknurrt. Jetzt hockt sie auf dem Schrank und beäugt argwöhnisch das fremde Kind auf dem Balkon.

Zur Feier des Tages hat man mir dicke Haarwürste in die Küche und auf den Schreibtisch gewürgt. Toll! So wünscht man sich den Feierabend. Als ich den Frevel auf meinem geliebten alten Schreibtisch entdecke, will mir auf die wutentbrannte Frage: „Aha, wer will denn hier als nächster zwei Tage in die Tierklinik?!" wie üblich keiner antworten ...

30. Juni 2013

Endlich wieder Wochenende in voller Besetzung, der ganz normale Wahnsinn hat uns wieder. Ohne Flori ist es wirklich kein Zustand. Dann ist es ja so ruhig, dass man nicht schlafen kann, und man kommt total aus seinem Alltagstrott, weil man sich schon so daran gewöhnt hat, nach jedem routinierten Handgriff ebenso routiniert Flori beiseite zu schieben.

Das von der Tierklinik verschriebene Schmerzmittel gegen den geheimnisvollen Lendenwirbelschmerz habe ich gleich wieder abgesetzt. Flori hat sein Frühstück, welches das Medikament beinhaltete, nämlich gleich wieder von sich gegeben, worauf ich doch mal die Packungsbeilage zu Rate zog und unter „Gegenanzeigen" gleich zu Anfang „gastrointestinale Störungen" erblickte. Na toll!

Die Tierklinik, die mir immer suspekter wurde, ließ ich diesmal außen vor. Über meine skeptischen Nachfragen bezüglich der Lendenwirbel-Schmerzen-Diagnose ging man nun schon seit drei Tagen geflissentlich hinweg und wiederholte gebetsmühlenartig die Wichtigkeit weiterer Diagnoseschritte und physiotherapeutischer Behandlungen. Unterdessen sprang Flori über Tische und Bänke und tollte mit Fritz umher.

Flori reiste am Tag nach seiner Rückkehr umgehend per Eltern-Express zur Nachuntersuchung bei meinem

Haustierarzt, der für die Medikation nur zwei Worte hatte: „Sofort absetzen!" Schmerzen im Lendenwirbelbereich konnte er auch nicht feststellen, aber der ist ja auch nur ein doofer Haustierarzt.

Ich beobachtete meinen kleinen Patienten mit Argusaugen. Flori fraß wie ein Scheunendrescher, verdaute wie ein Waldesel und war schwer damit beschäftigt, die liegen gebliebene Schrankkontrollarbeit von zwei Tagen aufzuholen, was diverse Nachtschichten erforderlich machte.

Lediglich Lilly war nach wie vor nicht ganz mit sich im Reinen, was sie von dem mysteriösen Verschwinden und Wiederauftauchen ihres Lieblings halten sollte. Ihr Flori hatte nicht so schlecht gerochen und keine rasierten Beine gehabt. Da war doch was faul! Nicht dass man ihr einen Wechselbalg untergeschoben hatte! Wär ja nicht das erste Mal, dass sowas passiert, man hört ja öfter mal davon.

Um Lilly von Floris Identität zu überzeugen, las ich ihr aus einer streng wissenschaftlichen Abhandlung mit dem schönen Titel „Elfen, Goblins, Spukgestalten" den Absatz über Wechselbälger vor. Um ein solches Wesen zu enttarnen, riet die Publikation dazu, Wasser in Eierschalen zu kochen. Dies würde den Wechselbalg, so es denn einer sei, dazu verleiten, sich in der Wiege aufzusetzen und erstaunt zu bemerken, er habe das Ei vor der Henne und die Eichel vor der Eiche gesehen, aber eine Wasserkocherei in Eierschalen sei ihm noch nie untergekommen. Habe der Wechselbalg solches geäußert, könne man ihn unbesorgt ins Feuer schmeißen, denn ein derartiges Gefasel überführe die Kreatur eindeutig als Wechselbalg.

Ich setzte diese hochseriöse Versuchsanweisung umgehend in die Tat um. Doch obwohl Flori die Wasserkocherei in Eierschalen in keiner Weise kommentierte, womit ja wohl hinlänglich bewiesen sein sollte, dass wir unseren eigenen kleinen Terroristen wieder ausgehändigt bekommen hatten, blieben bei Lilly weiterhin Zweifel. Eierschalen hin oder her. Schließlich hatte das Experiment nicht sämtliche wissenschaftlichen Parameter erfüllt, zum

Beispiel hatte Flori währenddessen nicht in einer Wiege gelegen, in der er sich hätte aufrichten können, weil ich gar keine Wiege habe. Ich fand das jetzt ein bisschen erbsenzählerisch von Lilly und war nicht gewillt, extra eine Wiege herbei zu schaffen und mich nochmal in Eierschalen Wasser kochend zum Deppen zu machen. Daher schmiss ich die Eierschalen auf den Kompost und wartete einfach ab, bis der Tierklinikgeruch verschwand und die Haare an Floris Beinen wieder wuchsen und die senile Oma vergaß, dass man ihr einen Wechselbalg untergeschoben hatte. Geht auch. Man muss nicht immer gleich in Eierschalen Wasser kochen.

Dennoch muss ich sagen, dass die ganze Sache auch positive Auswirkungen auf unser Zusammenleben hatte. Niemals hätte ich diese freudige Erleichterung für möglich gehalten, die man beim morgendlichen Aufwachen angesichts der geruchlichen Kunde von der erfolgreichen Entleerung seiner kleinen Lieblinge empfinden kann. Ganz zu schweigen von der Begeisterung beim Anblick des auf dem Katzenklorandes thronenden Häufchens, das ganz eindeutig Flori als Urheber des durch die Wohnung ziehenden Gestankes ausweist!

7. Juli 2013

Der Sommer. Für den einen eine heitere Jahreszeit voller Hummeln und Bikinis, bedeutet er doch für manch anderen eine Saison dräuenden Unheils. Während sich die Nachbarn in Planschbecken und der benachbarten Eisdiele tummeln, stochert das Personal in der Villa Lilly im finsteren Flur im Katzenklo, um gewissenhaft und überhaupt kein kleines bisschen neurotisch die ordnungsgemäße Entleerung der drei Herrschaften zu überprüfen. Schließlich ist es wieder warm. Nicht dass wieder einer zu wenig trinkt und dann verstopft!

Und als sei man nicht schon genug gestraft mit den Sorgen um die Darmfunktion der kleinen Lieblinge, muss man sich nun auch noch mit Killerfliegen herum ärgern. Scheiß-Sommer!

Killerfliegen sind eine echte Heimsuchung, viel schlimmer noch als Wechselbälger. Heute Morgen hat so ein Brummer in der Villa Lilly sein Unwesen getrieben. Als ich ins Bad kam, fand ich dort einen zur Salzsäule erstarrten Fritz vor, der mit schreckgeweiteten Augen eine auf dem Boden liegende, ziemlich dicke Fliege fixierte. Die Fliege lag auf dem Rücken und rührte sich nicht. Ich trat neben Fritz, und wir hatten ein total schönes Gemeinschaftserlebnis beim Fliegenbetrachten. Doch dann bewegte die Fliege matt die Beine, und Fritz schoss wie von der Tarantel gestochen davon und floh auf den Kleiderschrank.

Ich schämte mich ein bisschen. Ein stattlicher Fünf-Kilo-Kater sollte nicht vor einer dämlichen Fliege davon laufen. Die Fliege kam wieder auf die Beine und krabbelte durch den Flur von dannen, wo sie auf Held Nr. 2 traf, wie ich erleichtert registrierte. Mein Flori würde kurzen Prozess mit dem Brummer machen, und dann müsste ich nicht mit dem Schlappen drauf hauen und den ganzen Tag mit einem Matschfleck unter der Sohle rum laufen.

Flori erspähte auch sogleich den auf ihn zu krabbelnden Netzflügler und setzte sich erst mal hin. Die Fliege schleppte sich an ihm vorbei in Richtung Küche. Flori vollführte einen Luftsprung, der alle Lendenwirbelschmerzen-Theorien Lügen strafte, und rannte fort.

Jetzt wurde mir die Fliege unheimlich. Ich wollte jetzt auch nicht mehr mit dem Schlappen drauf hauen, jetzt schon gar nicht mehr! Ob das Vieh irgendeinen chemischen Kampfstoff absonderte? Vielleicht war es einem geheimen Forschungslabor der US-Streitkräfte entwichen und in Obamas Jackentasche nach Deutschland eingereist, wo es nun gebeutelte Katzenhaushalte terrorisierte?

Da half nur noch eins. Ich verstellte der Fliege heroisch den Weg und schrie: „Lilly! Motte!"

Okay, das war gelogen, aber wenn man „Fliege" schreit, dann kommt Lilly nicht. Bei Motte schon. Umgehend erklang ein von „Meeeek meeeek" begleitetes aufgeregtes Getrappel, und die Diva rückte an. Ich zeigte mit der Fußspitze auf die apathisch dahin kriechende Fliege und hielt den Atem an. Wie würde der ungleiche Kampf ausgehen? Würde er überhaupt anfangen? Oder würde auch Lilly auf dem Absatz kehrt machen und in ein sicheres Versteck flüchten?

Lilly kam auf ihren kurzen Beinchen in die Küche getrippelt, erblickte die Killerkampffliege und sprang mit einem gellenden „Meeek" todesmutig auf den Rücken des Feindes. Vorsichtshalber wich ich zurück. Die Fliege versuchte Lilly abzuschütteln und musste noch ein paarmal geohrfeigt werden, aber dann war sie besiegt und wurde sang- und klanglos runtergeschluckt.

Ich muss gestehen, dass ich im Nachhinein ein schlechtes Gewissen habe. Als ich heute Morgen aufstand, war der Küchenfußboden übersät mit den zu Konfetti atomisierten Überbleibseln der Tageszeitung, und ich habe gleich meine drei Lieblinge beschuldigt, Urheber dieses Zustandes zu sein. Dabei war das bestimmt die Killerfliege!

13. Juli 2013

Ich hätte es wissen müssen. Krankenhausserien haben immer gefühlte achthundert Folgen.

Nach zwei durchwachten Nächten am Krankenbett einer Diva fühle ich mich grade, als summte ein riesiger Schwarm amerikanischer Abhör-Killerfliegen in jener leeren Höhle umher, die einstmals mit Gehirn gefüllt ...

Nachdem Flori mich mit seiner Megaverstopfung schon halb um den Verstand gebracht hat, wollte Lilly scheinbar nicht zurück stehen. Kaum war ich an meinem freien Tag von einem Zahnarzttermin nach Hause zurück gekehrt, marschierte Madame auf den Balkon, gab klagende Laute von sich und hockte sich schließlich vor meine Füße, wo sie mit vorwurfsvoller Miene ein paar sehr undamenhafte Tröpfchen produzierte: Hallo-hooo!!! Aua! Tu gefälligst was!

Der übliche umfangreiche Generalplan wurde in Gang gesetzt: Zum Penny radeln, Wurst kaufen, ein paar Scheiben ins Schlafzimmer werfen, Tür zu, Kater wieder raus befördern, Eltern anrufen. Der grässliche Mann kam und rückte den Schlafzimmerschrank zur Seite, unter dem Lilly sich verschanzt hatte, wobei sie sich auf dem Rücken liegend mit allen vier Pfoten gegen den Schrankboden stemmte. Diese ausgefeilte Strategie nützte leider nichts, und am Ende gewann der Kescher die Schlacht um Lillys Freiheit.

Beim Tierarzt kam die Diva dann in voller Pracht zur Geltung: Nachdem sie unmissverständlich und mit Nachdruck jedem im Behandlungsraum klar gemacht hatte, dass sie nicht gewillt sei, freiwillig eine Urinprobe heraus zu rücken, kam die Narkosespritze zum Einsatz. Lilly motzte noch eine Weile und ließ dann scheinheilig die Nase auf die Pfoten sinken, was den armen Tierarzt zur leichtsinnigen Divenentnahme aus dem Transportkennel veranlasste. Lilly blieb schlaff, bis man sie auf dem Behandlungstisch niederlegte. Erst dann schoss sie nochmal hoch, keifte den Tierarzt an und sauste vom Behandlungstisch — wo sie sich denn doch der Anästhesie ergeben musste und stumpf umfiel.

Den Rest des Tages und einen Teil der Nacht verbrachte ich mit besorgter Lillybeobachtung. Immerhin ist Madame nicht mehr die Jüngste, auch wenn sie das nicht hören mag. Lilly verhielt sich jedoch vorbildlich, erwachte pünktlich nach den vom Tierarzt veranschlagten drei Stunden und torkelte missmutig durch ihre Gemächer, was Fritz wie üblich zu einer panischen Flucht auf seinen geliebten Kleiderschrank veranlasste. Nachdem ich ihr noch eine Stunde beim Herumtaumeln zugesehen hatte, zog ich mich beruhigt ins Bett zurück.

Auch am Freitagmorgen war Lilly noch munter und wohlauf, kam sogleich herbei gelaufen, als ich mich müde regte, und verlangte ihr Frühstück. Ruhigen Gewissens begab ich mich daraufhin zum notwendigen Broterwerb, brachte auf dem Heimweg noch den Grill fürs Katzenfest des Tierschutzvereins an seinen Bestimmungsort und kehrte frohen Herzens zurück zur Villa Lilly.

Wo mich eine sterbenselende Diva erwartete. Aus ihrem neuen Lieblingsplatz – eine olle Plastikkiste unter der Bank im Gehege – starrte mir ein Gesicht entgegen, das nur noch aus riesigen Augen bestand. Ein zusammengekauertes Bündel Elend, das leise zitterte und weder ins Haus kommen noch essen mochte.

Angesichts dieses erbarmungswürdigen Häufleins Schmerz und Kummer tat ich als pragmatisch gesonnener Mensch natürlich gleich das Nächstliegende: Ich ging vor Lilly in die Knie und brach in Tränen aus. Nachdem mein engagiertes Handeln auch nach einer Viertelstunde irgendwie zu keiner Besserung geführt hatte, änderte ich schließlich meine fabelhafte Strategie und rief den Tierarzt an, dessen Feierabend sich dummerweise mit meiner Heulattacke überschnitten hatte. Da er aber seine Notfall-Handynummer auf der Praxis-Bandansage kundtat, entkam er mir nicht so leicht, konnte meine Befürchtungen allerdings nicht so recht teilen: Erstmal abwarten. Alte Katzenschachteln täten sich nun mal mitunter etwas schwer mit Narkosenachwirkungen. Sollte es schlimmer werden, hätte ich ja seine Notfall-Handynummer.

Schlimmer werden?! Lilly guckt komisch und will nicht fressen, was soll denn da noch schlimmer werden? Ich blieb wach, verzichtete solidarisch auch auf mein Abendessen und heulte weiter, bis mein Kreislauf leise Hilferufe von sich gab. Lilly hatte sich angesichts meines merkwürdigen Verhaltens unter einen Sessel zurück gezogen und blieb dort, bis ich endlich doch im Bett verschwand, wo ich wach lag und Kopfschmerzen bekam.

Samstagmorgen. Vollkommen gerädert und mit fürchterlichem Kopfweh quälte ich mich aus dem Bett und wankte bangen Gemütes ins Wohnzimmer, wo Lilly auf ihrem Kissen lag und selig schlummerte. Bei meinem Eintreten wurde sie wach, streckte sich, wanderte zum Kratzbaum, den sie ausgiebig bearbeitete, und verlangte dann lautstark nach Frühstück.

Ich würgte auch was runter und fuhr zur Arbeit wie ein Zombie auf Valium. Mittags rief der Tierarzt an, um mir fröhlich mitzuteilen, dass das Labor in Lillys so hart erkämpfter Urinprobe nichts, aber auch rein gar nichts gefunden habe, was Anlass zu Sorge geben könne.

Nun bin ich wieder zu Hause. Ich habe immer noch grässliches Kopfweh, Flori hat schon mal die Löffelbiskuits für den Kuchen klein gekrümelt, den ich zum Katzenfest machen wollte, Lilly geht es prima, und ich schwöre – wenn Fritz jetzt einmal hustet, dann ... dann ... dann reicht es aber!

15. Juli 2013

Lilly hält sich bei der Nahrungsaufnahme damenhaft zurück, ist noch wählerischer als sonst und muss überhaupt nicht mehr aufs Klo (jedenfalls nicht, solange ich ihr an den Fersen klebe, um zu sehen, was, wie viel und wie sie macht.) Jetzt liegt sie gerade lang ausgestreckt auf der Bank in der Sonne und freut sich wahrscheinlich einen Ast, weil ich jeden ausgeschaufelten Pipiboller mit besorgter Miene hin und her drehe und mich frage, ob einer davon meiner Diva zuzuordnen ist. Hihi! Mal wieder voll hysterisch, das Personal!

Vermutlich rege ich mich aber auch mal wieder ganz umsonst auf. Als ich gestern nach neun Stunden Stühle schleppen und Wertmarkenverkauf beim Katzenfest heimkehrte und ermattet vor meiner wohl verdienten Tiefkühlpizza niedersank, kam Madame anmarschiert, postierte sich zu meinen Füßen und verlangte ihren Anteil an meiner Pizza Spinaci. Ja was denn?!! Meine Milde Mahlzeit mit Hühnchenfleisch hab ich schließlich nicht aufgegessen, ich hab noch Hunger! Mich mit Seniorenpampe abfüttern und selber die ganzen leckeren Geschmacksverstärker rein schaufeln, das ist ja wohl ein nicht hinnehmbares Pharisäertum!

Ich gehe jetzt meine Wäsche falten und weiter meine Neurosen pflegen.

21. Juli 2013

Endlich ist Sonntag, keiner ist (im Moment) krank, und Lilly findet allmählich zu ihrer alten Form zurück und frequentiert auch in meiner Gegenwart wieder das Katzenklo. Am liebsten dann, wenn ich gerade mit ihrem Futterteller in der Hand wie ein Vollidiot in der Küche stehe und „Lilly komm!" flöte. Dann kommt Lilly, denkt kurz nach und schreitet erhobenen Hauptes zum Katzenklo: Nun, ja, vielleicht könnte ich auch mal was essen, aber im Augenblick habe ich erst einmal ein dringlicheres Bedürfnis. Verharre sie doch bitte schön in dieser Position, bis ich mich dazu herab lasse, das Dinner zu mir zu nehmen.

Also verharre ich in dieser Position, während Madame in aller Gemütsruhe und mit Bedacht scharrt und gräbt und sich ein paarmal dreht. Unterdessen schielen schon die Kater auf den Teller in meiner Hand und schlingen hastiger. Noch hastiger als ohnehin. Da ist noch ein Teller! Wer als erster aufgegessen hat, der kriegt den bestimmt!

Endlich hat Lilly ihre Entleerungsprozesse abgeschlossen und zischt mit einem herrischen „Meeek" in Richtung Wohnzimmer, wo sie schwanzwedelnd auf mich wartet:

Unmöglich, dieses Personal, wo bleibt denn nun das Dinner?

Das Dinner wird respektvoll vor Lilly nieder gesetzt, die es kurz beschnuppert, um sich dann – wie jeden Tag – angewidert abzuwenden und davonzustiefeln. Darauf ist das Personal vorbereitet. Unter großem „Lilly komm" und „Lilly fein" werden drei bis fünf Bröckchen Trockenfutter an die Stelle gelegt, an der eben noch der Teller stand, den das Personal nun wieder außerhalb von Lillys Riechweite in der Hand hält. Lilly kehrt zurück, beschnuppert argwöhnisch ihre Bröckchen und lässt sich gnädig nieder, um das Dargebotene aufzumümmeln. Beim ersten aufgemümmelten Bröckchen darf das Personal den Teller wieder hinstellen, allerdings in einigem Abstand, der nun Bröckchen um Bröckchen vorsichtig verringert wird. Gleichzeitig muss der Abstand zwischen Teller und den zwischenzeitlich angerückten Katern möglichst groß gehalten werden; eine Aufgabe, die das Personal nur dank einer aus jahrelanger Übung erwachsenen logistisch koordinierten Meisterleistung bewältigt.

Beim letzten Bröckchen muss der Teller so stehen, dass die Diva nur noch die Nase hinein zu senken braucht, wobei er aber andererseits keinesfalls ihren Füßen zu nahe kommen darf. Dann fängt das Spielchen nämlich wieder von vorne an, und es kommen zu viele Bröckchen in selbiges, was das Personal zu vermeiden sucht, da es diesbezüglich mit der Diva so gar nicht einer Meinung ist.

Von dem Moment an, da der Teller vor der Divennase angelandet ist, darf das Personal sich nicht mehr bewegen, da auch dies einen sofortigen Lillyrückzug zur Folge hätte. Und während Madame nun endlich ihren Teller in Angriff nimmt, fällt der Rest des Hausstandes in eine Art Dornröschenstarre: Das Personal kauert regungslos vor der schmatzenden Diva, und links und rechts hocken die Kater und müssen hilflos mit ansehen, wie der Teller immer leerer wird ...

Aber ich bin mir ganz sicher: Sie hat uns trotzdem lieb.

21. Juli 2013

Die Killerfliege hat wieder zugeschlagen! Als ich gestern das Bad putzte, erklang mit einem Male ein Geräusch aus der Küche. In einem Katzenhaushalt gibt es drei Arten von Geräuschen: Das Ach-das-schon-wieder-das-räum-ich-später-weg-Geräusch; das Was-war-das-denn-Geräusch und das Ach-du-Sch...-Geräusch. Dieses Geräusch war in die zweite Kategorie einzuordnen und erforderte ein sofortiges Nachsehen.

In der Küche stand Fritz und buckelte angsterfüllten Blickes in Richtung Spüle, Flori saß mit Das-war-ich-nicht-Miene auf dem Tisch und die Küchengardine lag im Spülbecken. Als ich sie wieder an ihren Bestimmungsort verbringen wollte, summte es im Tüll: Schon wieder so eine katzenmordende Killerfliege!

Lilly lag unglücklicherweise phlegmatisch auf ihrer Bank auf dem Balkon und war nicht dazu zu bewegen, sich der Problematik anzunehmen. Ohne Lilly läuft halt nix.

28. Juli 2013

Das Beste am Sommer ist doch die viele frische Luft. Man kann draußen sitzen, und drinnen können sie pupsen, bis das Dach weg fliegt. Die wohnlich-aromatische Innenraumatmosphäre kennzeichnet eher die stillen Freuden des Winters. Wie heimelig ist es doch, an einem frostigen Abend bibbernd heimzukehren, und beim Öffnen der Wohnungstür kommt einem dieser charakteristische Wir-haben-den-ganzen-Tag-gepennt-und-rumgefurzt-Mief entgegen geschwallt.

Aber noch ist ja Sommer. Der ist auch schön. Doch wo Licht ist, ist auch Hitze, und die ist nicht für jeden eine Freude. Für kreislaufschwaches Katzenpersonal zum Beispiel. Oder auch für die Bewohner von Nanoaquarien.

Das Nanoaquarium neigt dazu, sich der es umgebenden Außentemperatur anzupassen, was es bei annähernd dreißig Grad in der Wohnung nicht unbedingt zu einem geeigneten Aufenthaltsort für die ihm innewohnenden Wirbellosen macht. Dem gilt es gegenzusteuern. Der passionierte und technikbegeisterte Aquarianer verwandelt die Peripherie seines 20-Liter-Beckens mit Sprudelsteinen, CO^2-Anlage und 12-Volt-Luftkühler in etwas, das an die Schaltzentrale von Raumschiff Enterprise gemahnt. Der etwas hilflose Neuling auf diesem Gebiet macht die Beleuchtung aus und schmeißt Eiswürfel ins Becken.

Ich zähle zur zweiten Kategorie, habe aber immerhin auch schon einen Sprudelstein installiert. Der Sprudelstein wird mittels einer außerhalb des Aquariums befindlichen Luftpumpe über einen Schlauch mit Luft versorgt und reichert so das Wasser mit Sauerstoff an.

Der Schwachpunkt der Konstruktion ist, wenn man einen Fritz beherbergt, eindeutig der Aquarienschlauch. Fritz liebt Aquarienschlauch. Wird er eines Aquarienschlauches ansichtig, leuchten seine Augen, und er ist dann nicht zu bremsen. Nachdem er den Aquarienschlauch vom Mulmsauger bereits so arg malträtiert hatte, dass er auseinander fiel, habe ich dem Schrank mit Aquariengerümpel zwei Meter Schlauch entnommen und vor meines Katers freudig glänzenden Augen zwei neue Stücke zum Spielen abgeschnitten, mit denen er glücklich abzog.

Man soll nie den Katzen zeigen, wo das Spielzeug aufbewahrt wird. Wie oft bin ich nachts aus dem Schlaf geschreckt, weil Flori wieder mal mit einem Riesenknall die Klappe vom Ex-Barfach (heute Aquariengerümpel-Aufbewahrungsschrankfach) aufgepopelt hatte.

Als ich in diesem Sommer aufgrund der hohen Außentemperaturen den Sprudelstein installieren wollte, sah ich mich gleich mit einem Problem konfrontiert: An der Luftpumpe fehlte sonderbarerweise der Schlauch. Und Fritz hatte mittlerweile drei davon. Hm ... aber egal, da war doch noch ein aufgerolltes Fast-zwei-Meter-Stück.

Das war auch immer noch da. Nur leider voller Löcher. Das nächtliche Kater-Teamwork umfasste eben nicht nur das Aufklappen des Barfachs durch Flori, sondern auch die intensive Beschäftigung mit den dort noch gelagerten Schläuchen seitens Fritz. Und was Fritz macht, das macht er gründlich. Auf zwei Metern war nicht mehr ein Zentimeter ohne Loch.

Aber was soll`s. Man fährt doch gerne am Samstag nach der Arbeit bei 35 Grad im Schatten noch mal in die Zoohandlung, um noch ein paar Meter Aquarienschlauch zu holen. Einen Meter für die Besprudelung der Garnelen und die restlichen 120 für den Kater ...

4. August 2013

Experten warnen vor einer furchtbaren, ganz neuen Bedrohung für Leben und Gesundheit unserer Lieblinge:

Die Zwerggarnele (lat.: Neocaridina heteropoda var. red!)

Heute Morgen wurde ich selbst Augenzeugin eines unfassbaren Ereignisses. Meine Zwerggarnelen haben versucht, Fritz zu ertränken!

Der Konflikt zwischen Fritz und den Garnelen schwelt ja bereits seit längerem. Da werden Schläuche zerkaut, um die Sauerstoffzufuhr in die sich erwärmende Unterwasserwelt der paddelnden Mitbewohner zu unterbrechen, und unlängst ertappte ich Fritz dabei, wie er die Eiswürfel, die zur Abkühlung des Aquariums vorgesehen waren, munter in der Küche verteilte. Es ist meinem naiven Harmoniebedürfnis anzulasten, dass ich das Verhalten des gepeinigten Katers fehlinterpretierte und das arme Tier wegen groben Unfugs ausschalt. Habe ich sie wirklich nicht bemerkt, die verzweifelte Todesangst in seinen Augen? Nun frage ich mich, ja, ich muss mich das fragen: Wie konnte ich nur seinen Kampf ums Überleben gegen einen übermächtigen Feind mit simplem Spielverhalten verwechseln?

Heute Morgen also, während des sonntäglichen Wasserwechsels im Aquarium, kam es vor meinen schockierten Augen zur totalen Eskalation. Auch mir war bereits aufgefallen, dass die Garnelen heute besonders renitent waren. Eine hatte den Saugnapf besetzt, der den Sprudelstein an der Glasscheibe hält, und war trotz mehrmaligen Anstupsens mit dem Finger nicht bereit, das besetzte Gebiet zu räumen. Wohl oder übel musste ich den Sprudelstein samt Garnele immer hin- und herschieben, um dem Algenbelag an der Scheibe mit einem Stück Filterwatte zu Leibe zu rücken.

Während des nachfolgenden Wasserablassens spitzte sich die Situation immer mehr zu. Mehrere Garnelen attackierten den Ablassschlauch, während andere sich an der Wasseroberfläche im Kampfrückenschwimmen übten. Gewalt lag in der Luft.

Da rückte Fritz näher. Bereit, bis zum Äußersten zu gehen, um sein Leben und das des unbedarften Personals zu retten und uns alle ein für allemal aus den Scheren der roten Tyrannei zu befreien, stürzte er sich auf das Aquarium und tunkte todesmutig seine Nase hinein.

Doch darauf hatte der Feind nur gewartet. Eine speziell ausgebildete Ninja-Garnele ergriff Fritzens Nase, und ich schwöre, ja, ich schwöre es, ich habe es mit angesehen – wie sie versuchten, seinen Kopf unter Wasser zu ziehen, um ihn mit vereinten Kräften zu ertränken!

Mit letzter Kraft gelang es Fritz, seine Nase aus den Fängen seiner Angreifer zu befreien und zu fliehen. Lange saß er auf dem Kleiderschrank und kam erst wieder herab, als die Aquarienabdeckung wieder zu war und unten eine

Tüte Leckerlis geschwenkt wurde. Noch immer aber wandert sein angstvoller Blick in Richtung Garnelenbecken ... und sollte wieder eine Killerfliege auftauchen, dann wird er sich ermannen, sie gefangen nehmen und ins Becken schmeißen!

Killerfliege vs. Ninja-Garnelen: Der größte Kampf seit Godzilla gegen Mothra!

11. August 2013

Das Leben in einer globalisierten Welt hat viele Vorteile. Man ist schneller an einen karibischen Sandstrand geflogen als mit dem Campingbus über den Brenner gefahren, kann sich als Sammler historischer Fingerhüte weltweit mit Gleichgesinnten vernetzen und ganzjährig geschmacksneutrale Drachenfrüchte im Supermarkt kaufen.

Doch zahlen wir, die wir von dieser grenzenlosen Freiheit profitieren, mitunter einen hohen Preis. Mit den vegetabilen Jetsettern, die unsere Supermärkte in farbenfrohe Konsumhöllen verwandeln, halten gefährliche Eindringlinge wie Killerfliegen und Ninja-Garnelen Einzug und bedrohen unser Leben, und als sei dies nicht Plage genug, wird der moderne Mensch auch noch von grauenhaften Zivilisationskrankheiten heimgesucht. Nach Burn-Out, Bore-Out und Dorian-Gray-Syndrom warnen Experten bereits vor einer neuen schleichenden Seuche: Der Manischen Feliden Fäkal-Fixierung!

Von dieser Zwangsstörung betroffene Patienten, für gewöhnlich in Mehrkatzenhaushalten lebende Mittvierzigerinnen, verfolgen manisch die Verdauungsprozesse ihrer pelzigen Mitbewohner. In einer Kurzzeitstudie des namhaften Dr.-Hasenhorst-Instituts für moderne Trenderkrankungen wird der besonders krasse Fall der Patientin Bianka T. geschildert, die an der Manischen Feliden Fäkal-Fixierung erkrankte, kurz nachdem sie ihr ganzes Erspartes für einen verstopfungsbedingten Wochenendaufenthalt ihres Katers Flori einer Tierklinik in den gewinnoptimierten Rachen geschmissen hatte. Hatte Bianka T. bislang die periodisch auftretenden Kotzhaufen ihrer drei Katzen mit stoischem Gleichmut und viel Klopapier gedankenlos aufgewischt, kam es bedingt durch die Tierklinikepisode zu einem akuten phobischen Schub bei der Patientin.

Erst in der vergangenen Woche erlitt die Erkrankte wieder einmal einen schlimmen neurotischen Anfall, als der Haustierarzt auf einen neuerlichen Post-Frühstücks-Kotzhaufen des Katers Flori mit dem profanen Rat reagierte: Einfach mal vierundzwanzig Stunden lang nicht füttern, der Fresssack hat sich bestimmt wieder den Magen verdorben. Obwohl die Befolgung dieses ärztlichen Rates einen hundertprozentigen Rückgang der Nahrungsrückgabetendenzen des Katers zur Folge hatte, begann die wahnhafte Patientin damit, sogar mitten in der Nacht ihr Haustier auf dem Katzenklo zu stalken, um zu beobachten, ob es sich auch rückseitig entleerte. Als dies der Fall war, geriet Bianka T. in einen derart lautstarken Freudentaumel, dass sich in der Folge traumatisch bedingte Veränderungen im Verhalten in Teilen des Katzenhaushaltes zeigten.

Die ebenfalls im Haushalt ansässige, bereits leicht senile Katze Lilly hatte aus dem Verhalten der Halterin den ihren begrenzten intellektuellen Fähigkeiten geschuldeten Schluss gezogen, der Abschluss felider Verdauungsprozesse animiere bei der Halterin eine Belohnungsbereitschaft. Der Stress für die Patientin T. wird seither durch die vehement vertretene Erwartungshaltung der Katze Lilly überdimensional verstärkt, welche nach jedem Toilettengang auf den frenetischen Applaus ihrer Halterin besteht.

Das hat Frau T. nun davon.

An der Verdauungsfront herrscht derzeit verdächtige Ruhe, und so habe ich den gestrigen Nachmittag mal nicht im dunklen Flur verbracht, sondern mit Fritz zusammen eine tolle Fahrt durch unser schönes sommerlich-ländliches Münsterland unternommen. Nachdem ich mit den üblichen Wochenend-Kopfschmerzen mittags von der Arbeit heimgekehrt war, widmete ich mich wieder einmal dem Aquarium, in dem allerhand Moos herumschwamm, welches ich heraus fischen und auf eine Rote Moorwurzel binden wollte. Fritz und Flori saßen derweil am Küchenfenster und versahen die Scheiben mit fauvistischen Nasenschleimgemälden, wobei Fritz unversehens in Konflikt mit einer dort herum kriechenden Wespe geriet, die das Beschmiertwerden als Provocative Art interpretierte und sich mit einem Stich in Fritzens Lippe gegen ihre Vereinnahmung als Kunstwerk verwahrte. Da ich von meiner Moosfischerei und meinen stärker werdenden Kopfschmerzen sehr in Anspruch genommen war, registrierte ich nur am Rande, wie ein Korb vom Küchenschrank flog und ein Fritz an mir vorbei rannte.

Erst als ich mit meinem Aquarieneimer Richtung Tomaten schlurfte, um mein selbst gezogenes Gemüse mit vollgepieseltem Garnelenwasser ertragreich zu düngen, fiel mein Blick auf ein irgendwie deformiertes Köpfchen, das kläglich vom Kleiderschrank lugte, und ich beschloss, sogleich ein Aspirin zu mir zu nehmen. Das Köpfchen sah aus wie das von Fritz nach einem Wespenstich, und das konnte ja nicht sein. Fritz rennt vor Fliegen und Garnelen weg. Fritz beißt nicht in Wespen.

Und schon gar nicht, verdammt noch mal, am Samstagnachmittag, und unter gar keinen Umständen an einem Samstagnachmittag, an dem mein Tierarzt mitsamt seinem Handy im Urlaub ist!

Ich packte Fritz in den Korb und machte mich in meinen peinlichsten Shorts und mit unrasierten Beinen im

Tiefflug auf zur Tierklinik in der Nachbarstadt. (Von der Wirkstätte Nicht-George-Clooneys bin ich seit Floris Verstopfungs-Therapie nicht mehr so überzeugt.) Mittlerweile schwoll auch Fritzens Nase. Fritz half während der Fahrt, indem er lautstark und ausdauernd davon Kunde tat, dass er bislang weder an Atemnot noch an einem anaphylaktischen Schock leide, und so konnte ich unterwegs die Straßenbäume im Blick behalten.

In der Tierklinik angelangt, war Fritz bereits ein wenig bläulich, und seine Lunge gab Geräusche von sich. Fritz bekam Kortison und ich den Rat, bei erneuten künstlerischen Performances, in denen Wespen eine Rolle spielten, wieder umgehend einen Tierarzt aufzusuchen. Fritz unterhielt die Praxis noch ein wenig mit einer Darbietung der Katzentotenlieder, während ich bezahlte, um dann auf der Heimfahrt eine musikalische Metamorphose von Mahler zu Rammstein zu durchlaufen und zu Hause stinkbeleidigt hinter die Waschmaschine zu flüchten.

Heute Morgen ist er schon wieder gänzlich abgeschwollen. Aber ich will trotzdem jetzt versuchen, ihn von Makramee zu überzeugen. Ich finde, Art Performance und Musik sind einfach nicht sein Weg.

25. August 2013

Dies ist das Wundervolle, das Bereichernde an einem Leben mit Katzen: Man muss sich nie mit tiefenphilosophischen Fragen wie der nach dem Sinn seines irdischen Daseins quälen. Es ist des Katzenhalters Bestimmung, einem ganzen Berufszweig eine zumindest finanziell sorgenfreie Existenz zu sichern, das ist doch toll! Auch wenn viele Tierärzte vermutlich gequält aufstöhnen, wenn abends um halb elf die wohl bekannte Nummer eines hysterischen Katzenhalters im Handydisplay aufleuchtet ...

In dieser Woche mussten Tierarzt und Kliniken im Umkreis jedoch leider auf einen Besuch von Lilly, Fritz und Flori verzichten, obwohl die drei sich wie gewohnt alle Mühe gegeben haben, den netten Typ im weißen Kittel mal wieder behelligen zu dürfen. So war ich am Freitagabend gerade eingeschlummert, als plötzlich und unerwartet mein Lieblingsgeräusch durch alle REM-Phasen hindurch an meine zugestöpselten Ohren drang: Upp-ha upp-ha upp-ha ...

Mist. Licht an, Ohrenstöpsel raus. Mitten auf dem Teppich prangte ein prachtvoller Kotzhaufen, eine feuchte Spur kleiner werdender Hinterlassenschaften führte bis zu einer schleimigen Pfütze im Wohnzimmer. Trotz eindringlicher Befragung wollte sich niemand zu der Hervorbringung bekennen, und auch am nächsten Morgen gab keinerlei verräterische Mattigkeit oder gar Appetitlosigkeit auch nur den kleinsten Hinweis auf den Urheber des stinkenden Übels.

Am Sonntagmorgen dann – noch immer war der Missetäter nicht gefunden – schlug dann erneut die Stunde des summenden Schreckens: Eine vom langen Sommer bereits arg ermattete Goldfliege brummte am Küchenfenster herum, wo sie mit Flori kollidierte, der sich sogleich todesmutig an die Verfolgung der geflügelten Plage machte. Voller Bewunderung sahen Fritz und ich zu, wie Flori unter Einsatz seines Lebens und mit gewaltigen Kollateralschäden an Grünlilie, Gardine und Gießkanne dem Feind nachsetzte. Dieser lockte den mutigen Helden jedoch heimtückisch und perfide in einen gefährlichen Hinterhalt: Den Kaktus!

Der Kaktus und seine zwei Artgenossen haben kurz nach Floris Ankunft bei mir Einzug gehalten. Floris Ankunft vor vier Jahren war durchaus mit großen Sorgen behaftet. Als ich ihn damals ins Haus trug, schlief er in der Transportbox, und nachdem ich ihn wach gerüttelt hatte, warf er nur einen schläfrigen Blick auf die neue Umgebung und die keifende Lilly, schleppte sich zum Sofa und schlief dort weiter. Lilly und ich waren gleichermaßen fassungslos. Wir haben später nie darüber geredet, deswegen weiß ich nicht, ob Lilly genauso erleichtert war wie ich, als ich am nächsten Morgen aufwachte und das erste, was ich sah, mein neues Katzenkind war, das voller Elan bis zu den Schultern in dem Topf mit dem Ficus steckte und schwungvoll die Erde heraus schaufelte.

Zwei Tage nach Floris Einzug brachte ich sämtliche Topfpflanzen zu meiner Mutter und erhielt im Gegenzug die drei Mini-Kakteen mit der Bemerkung: „Da wird er ja wohl nicht dran gehen. Und wenn, dann nur einmal. Das muss er ja mal lernen."

Mütter. Man kann noch so alt werden und noch so viele Katzen beherbergen, sie müssen einfach herum pädagogisieren. Meine Mutter glaubt hartnäckig daran, dass Flori auch erziehbar sei, wenn ich nur mal auf sie hören würde.

Nun saß jedenfalls die Goldfliege im Kaktus, und Flori haute herzhaft drauf und blieb wie erstarrt sitzen, die Pfote im Gewächs. Autsch! Die Fliege blieb dreist in den unteren Sukkulentenetagen hocken und disste den armen Flori voll mit obszönen Gesten und so. (Doch, da bin ich mir ganz sicher, auch wenn ich nicht weiß, wie Fliegen obszöne Gesten machen.)

Ich zog vorsichtig Floris Pfote aus dem Kaktus und riss ihn rasch aus seiner Reichweite, weil Flori umgehend wieder drauf hauen wollte. Fritz rupfte begeistert an meiner Leggings und wollte auch mal auf den Kaktus hauen. Ich dachte an das verzweifelte Stöhnen, das mein Tierarzt von sich geben würde, wenn um sieben Uhr am Sonntagmorgen meine Nummer auf seinem Handydisplay aufleuchtete, und hielt den Kaktus standhaft empor. Die Fliege machte weiter obszöne Gesten und keinerlei Anstalten, den Kaktus zu verlassen. Lilly rückte an und wollte auf mich hauen, weil ich den Katern den Kaktus vorenthielt. Das zwang mich zum Handeln. Den Kaktus immer noch mit der Linken über meinem Kopf haltend, stocherte ich mit dem Zeigefinger der Rechten nach der Fliege, zog mir ein paar Stacheln zu und noch mehr Schläge von

Lilly, die für undiszipliniertes Wehgeschrei absolut kein Verständnis hat.

Die Fliege fiel aus dem Kaktus, kroch über den Boden davon und wurde unter drei Katzen begraben. Ich humpelte auf meinen von Lilly malträtierten Füßen ins Bad und sah meinem Zeigefinger beim Schwellen zu.

Hat mein Hausarzt eigentlich auch ein Notfall-Handy?

1. September 2013

Am Donnerstag war es endlich wieder so weit. Mein freier Tag! Ich stand früh auf, erledigte den Hausputz und saß pünktlich um zwanzig vor zehn mit Fritz und Flori im Auto. Fritz hatte sich im Laufe der Woche als Urheber des Kotzhaufens entlarvt, aß seinen Teller nicht leer und hatte an Durchfall gelitten, und an Floris Schulter hatte ich einen kleinen Knubbel erfühlt. Also machten wir uns wieder einmal auf in die benachbarte Tierklinik, denn mein Tierarzt hat immer noch Urlaub. (Vielleicht ist er auch auf der Flucht vor mir.) Das Wetter war super, die Stimmung auf der Rückbank gleichfalls. Felder und Wiesen flogen an uns vorbei, die Sonne schien, und Fritz unterhielt uns mit Gesang. Flori hatte sich eingerollt und war wieder einmal froh, taub zu sein. Ich beneidete ihn ein wenig.

In der Tierklinik war ab zehn Uhr Sprechstunde, es waren acht Leute vor uns dran, und wir mussten uns auf anderthalb Stunden Wartezeit einrichten. Fritz sang. Fritz kann wirklich anderthalb Stunden lang singen, ohne heiser zu werden. Ich war ziemlich stolz auf ihn. Flori hatte sich eingerollt.

Nach einer Stunde ging die Tür auf, und zwei Doggen mit Mädchen an der Leine traten ein und setzten sich uns gegenüber. Fritz schwieg. Flori entrollte sich, baute sich so gut es ging in seiner Box zu ganzer Größe auf und knurrte die Doggen an. Die Doggen waren verblüfft. Ich auch.

Ich stellte die Boxen um, sodass Fritz nun auf die Doggen blickte und Flori auf den Mops hinter uns. Fritz schwieg. Flori knurrte. Der Mops begann angstvoll zu röcheln.

Endlich waren wir dran. Die Doggen waren schon total verängstigt, von dem Mops ganz zu schweigen. Fritz wurde seiner Box enthoben, abgetastet und um ein Fieberthermometer bereichert. Da nichts Besorgnis erregendes festzustellen war und sich Essverhalten und Verdauung seit dem Vorabend auch wieder gebessert hatten, durfte Fritz wieder einsteigen, und Chuck Norris kam auf den Tisch.

Okay, wenn man keine Dogge zerreißen darf, dann muss eben die Tierarzthelferin dran glauben. Flori knurrte und strampelte furchterregend, während der Knubbel – ein Kratzer, der klammheimlich versucht hatte, sich zum Abszess zu entwickeln – untersucht wurde. Flori, mittlerweile von Tierärztin und Tierarzthelferin an allen vieren gepackt, wurde mit Salbe versorgt und schleunigst wieder in seine Box verfrachtet, bevor er sich losreißen und ein Tierarzthelferinnen-Doggen-Mops-Massaker anrichten konnte. Als wir hinaus gingen, erklärte er den eingeschüchterten Doggen nochmal, was er von ihrem Gesabber so hielt, und knurrte auf dem Rücksitz weiter. Fritz traute sich gar nicht mehr zu singen, bis auf einmal, als er seine Nase ans Gitter hielt und fragend zu seinem Kumpel herüber maunzte. Flori hieb ihm durch beide Türen hindurch auf die Nase, worauf Fritz von weiteren Darbietungen absah.

Daheim angekommen, knurrte Flori weiter, bis die Boxtür auf ging. Ich wurde nochmals angeranzt, Fritz zur Seite gerempelt, und der Doggenkiller marschierte motzend und nörgelnd ins Wohnzimmer, wo ihm von der Diva der Weg verstellt wurde. Meeek! Was haben sie dir angetan!

Nachdem Doggen, Möpse, Tierarzthelferinnen, Fritz und ich schon ihr Fett weg gekriegt hatten, wäre es ja eigentlich nur gerecht gewesen, wenn Lilly auch noch eine

Ohrfeige kassiert hätte. Stattdessen wurde sie weinerlich beköpfelt, worauf sie schnurrend das arme misshandelte Kind umschmuste und auf sein Schlafkissen geleitete, wo es liebevoll getröstet wurde. Der arme Kleine! Wenn ich diese blöden Doggen in die Krallen kriege, dann können die sich aber warm anziehen!

8. September 2013

Es gibt auf dieser Welt keinen Frieden. Schon lange vermag der wärmende Sonnenstrahl der Harmonie die schwarze Wolkenschicht aus Neid und Egoismus nicht mehr zu durchdringen, die unseren Alltag verdunkelt und unsere Herzen erfrieren lässt. Und selbst da, wo wir glauben, uns ein heimliches Fleckchen paradiesischer Eintracht geschaffen zu haben – in unseren eigenen vier Wänden, umgeben vom unschuldigen Miteinander unserer Haustiere und fernab von einer sich verfinsternden Zeit ... ja, selbst dort spüren wir ihn bisweilen, den eisigen Hauch der Missgunst.

Zwischen Fritz und Flori herrscht seit Freitag Krieg. Eine Stoffmaus hat die brüderlich einander Zugetanen entzweit. Schuld daran trägt eigentlich Lilly, die gerade beschlossen hat, dass ein angebliches Biofutter in idyllisch grünen Dosen das einzig akzeptable Nassfutter ist, und wenn sie das nicht kriegt, dann isst sie eben gar nichts oder Trockenfutter!

Beide Alternativen fand wiederum das Personal nicht akzeptabel, weswegen es sich am Freitag nach der Arbeit im qualifizierten Zoofachhandel einfand, um mit idyllisch grünen Biofutter-Dosen beladen müde zur Kasse zu wanken. Voller Mitleid erleichterte man mich dort um einiges an Geld, und eine Stoffmaus kriegte ich auch noch geschenkt.

Super Idee. Zu Hause bekam Lilly ihr verdammtes Biofutter, während die Kater mit Aldi-Mampf betankt

wurden. Flori war wie üblich schneller fertig als Fritz und
beklagte die Ungerechtigkeit einer Welt, die anderer Katzen Näpfe doch offensichtlich reichhaltiger füllte als den
seinen. Um das arme Tier zu trösten, packte ich die
Stoffmaus aus. Floris Augen leuchteten. Eine Stoffmaus!
Toll! Um ein Haar hätte ich beim Aufschneiden der
Stoffmaus-Tüte die für die Orientierung so wertvollen
Tasthaare des Lieblings entfernt, welcher unvermittelt
seine Nase zwischen die Scherenschenkel hielt, konnte
dieses Unglück aber gerade noch verhindern.

Nicht verhindern konnte ich, was dann geschah.
Kaum war die Stoffmaus geworfen und Flori glücklich los
gehoppelt, tauchte wie der Schatten des Verhängnisses
Fritz auf, überholte seinen Kumpel, schnappte sich die
Stoffmaus und galoppierte damit weg. Für Flori brach
eine Welt zusammen. Das war seine Stoffmaus! Der Fritz
hat schon einen volleren Napf gehabt, und jetzt klaut der
raffgierige Arsch mir auch noch meine Stoffmaus!

Voll gerechter Empörung trampelte Flori hinterher
und versuchte, die Stoffmaus wieder an sich zu bringen,
was Fritz wiederum überhaupt nicht einsah. Ein Kampf
mit Motzen und Spucken entbrannte, die Kontrahenten
verkeilten sich ineinander, Fellbüschel flogen. Die Maus
lag derweil unbeachtet in der Nähe des Küchentischs.

Als die Diva angerannt kam, war es Zeit zum Handeln. Während Lilly wie ein Ninja-Turtle auf die Kämp-
fenden herab stürzte und die Kampfhandlungen mit einem gellenden Schrei und entrüsteten Hieben ihrer zarten
Pfötchen beendete, brachte ich rasch die Maus an mich
und versenkte sie in der obersten Schublade der Flur-
kommode, bevor die Kampfhähne Zeit hatten, sich von
ihrem Schock zu erholen.

Natürlich ist eine Kommodenschublade kein geeigne-
ter Ort, um ein Kriegsbeil nachhaltig zu begraben. Während ich mir am Morgen nach der Schlacht um die Stoffmaus im Bad die Zähne putzte, kam Flori durch den Flur
geschlurft, blieb plötzlich wie angetackert stehen und hob

witternd die Nase. Mit einem eleganten Satz war das Sumo-Ringer-Kampfgewicht auf die Kommode gehievt und die Schublade als Mausgefängnis ausgemacht. Eine Weile wurde versucht, die Schublade von oben aufzupföteln, und als das nicht gelang, platschte Mr. Sumo wieder auf die Fliesen, richtete sich an der Kommode auf und zog am Schubladenknauf.

Sanft glitt die Schublade auf, die Verheißung war nahe. Man hätte jetzt wieder auf die Kommode springen und die Maus aus der Schublade angeln können, aber Flori hatte seinen sportlichen Tag und beeindruckte das staunende Personal mit einer Schubladeneroberung durch ein gutes Dutzend mehr oder weniger anmutiger Klimmzüge. Jetzt noch die dort überflüssigerweise ebenfalls gelagerten Mützen und Handschuhe in den weiträumig mit Katzenstreu bedeckten Flur geworfen, und endlich erfolgte der triumphale Abgang mit der wieder erbeuteten Stoffmaus.

Ich verließ mein zerstrittenes Heim, um mich im Haifischbecken des Berufslebens zu tummeln, und ließ den Dingen ihren Lauf. Der Lauf der Dinge macht nämlich Stoffmäuse nach einem Tag grau und unansehnlich, und als ich nachmittags nach Hause kam, lag die Stoffmaus zerkaut und unbeachtet auf dem Balkon, während die Kater sich darum stritten, wer von ihnen die tote Spinne fressen durfte, die traurig und zerdrückt im Spülbecken lag.

Lilly hatte übrigens im Laufe des Tages beschlossen, dass sie das grün eingedoste Biofutter nicht mehr mag.

14. September 2013

Ich muss dringend zum Augenarzt. Floris Füße stinken.

Man muss nicht zwingend Jahre seines Lebens in muffigen Hörsälen bei Seminaren zum Phänomen der nichtlinearen Dynamik verbringen, um das Grundprinzip der

Chaostheorie zu verstehen. Wer sein Leben mit Katzen verbringt, der gewinnt auch ganz ohne akademische Bildung an Einsicht in die Unvorhersehbarkeit der gigantischen Folgen, die eine kleine Ursache auszulösen vermag, welche auf den ersten Blick in keinerlei kausalem Zusammenhang mit ihren katastrophalen Konsequenzen steht. Der Flügelschlag eines Schmetterlings löst eine Kette von Luftbewegungen aus, die in einer Tausende von Kilometern entfernten Stadt einen Wirbelsturm verursachen können, sagt die Chaostheorie. Wer seine Lesebrille im Zooladen nicht dabei hat, der muss mit stinkenden Katerfüßen leben, sage ich.

Das Katzenklo verlangte dringend nach einer frischen Ladung Streu, und so hatte ich mich in das Fachgeschäft meines Vertrauens begeben, um drei Säcke Klumpstreu zu besorgen, das, welche Freude!, gerade im Angebot war, weswegen auch nur noch zwei Säcke da waren. So ein Mist. Ich brauchte aber drei. Was tun?

Nach längerem Umherirren und Befragen eines Zooladenfachangestellten nach vielleicht noch im Lager vorhandenen weiteren Sonderangebotssäcken, was leider negativ beantwortet wurde, entschied ich mich zum Kauf einer Fremdsorte als Drittsack. Die Fremdsorte gab es in blauen und rosa Säcken. Auf dem blauen Sack prangte in fetten frohen Lettern die Warnung: „Mit Babypuderduft!"

Nun habe ich nichts gegen Babypuderduft. An kleinen prallen Babys finde ich Babypuderduft ganz zauberhaft, wenngleich ich nicht mit Bestimmtheit sagen kann, ob Babys das genauso empfinden. Dem Geschrei nach zu urteilen, das die kleinen Hosenscheißer anzustimmen pflegen, wenn sie entwindelt und bepudert werden, teilen sie unsere adulte Begeisterung für zarte Düfte nicht gleichermaßen.

Was nun Katzenstreu angeht, so bin ich mit den Babys einer Meinung: Babypuderduft ist ganz großer Käse! Was Marketingexperten dazu veranlasst hat, Katzenstreu mit Babypuderduft zu versetzen, ist eines der großen Mysterien, die mich in meiner Laufbahn als Katzenpersonal ins Grübeln kommen ließen. Ich hoffe für die Marketingexperten, dass sie einfach nur vom ausufernden Sektfrühstück anlässlich des Geburtstags von Kollege Meier hackenstramm waren und aus einer seligen Beschwipstheit heraus auf die lustige Idee verfielen, ihr Katzenstreu vollkommen sinnlos einfach mal nach Babypuder duften zu lassen. Total schlimm und als Tiefschlag gegen meine Würde als Frau würde ich es ja finden, wenn sie vollkommen nüchtern irgendwelche Zusammenhänge zwischen Katzen als Kindersatz und Katzenstreu mit Babypuderduft konstruiert hätten, und dann würde ich auch zu denen hin gehen und ihnen mit meinen spitzesten Schuhe in Körperteile treten, die meine Kater nicht mehr haben!

Verdient hätten die's. Nicht nur wegen ihrer möglicherweise frauenfeindlichen Denkprozesse. Sondern auch weil die den Babypuder-Warnhinweis auf dem rosa Sack so klein gedruckt haben, dass ich den mit meinen trüben Mittvierzigerin-Augen total übersah, weswegen ich den rosa Sack frohen Mutes in meinen Einkaufswagen lud und erst zu Hause beim Ausschütten merkte, wie mir eine Babypuderwolke entgegen quoll.

Holy Crap. Babypuderduft! Und soeben kam Flori den Flur entlang gewankt, breitbeinig wie John Wayne und entschlossen zu tun, was ein Kater tun muss, der eine bittere Dreiviertelstunde lang darauf warten musste, dass die Katzenkloreinigung ihr Ende findet.

Ich hielt den Atem an, den mir der Babypuderduft schon halb verschlagen hatte. Wie musste es erst des armen Floris empfindlicher Nase ergehen? Würde der Westernheld sich dazu herab lassen, auf ein mit Babypuderduftstreu befülltes pinkes Katzenklo zu gehen?

Unterdessen war Flori am ersten Katzenklo angelangt (mit Babypuderduft.) Einstieg, schnüffeln, Loch graben. Loch doof, neues Loch graben. Loch auch doof. Nächstes Klo (Babypuderduft.) Loch graben, Loch doof, neues Loch graben, auch doof. Letztes Klo (kein Babypuderduft.) Schnüffeln, erst recht doof, wieder zurück zum ersten Klo, Loch graben, aufatmen, endlich Loch gut, aaaahhhhhh ...!

Ich flüchtete auf den Balkon. Wenn es eins gibt, was noch schlimmer ist als Katzenstreu mit Babypuderduft, dann ist es ein Florihaufen in Katzenstreu mit Babypuderduft.

Und Florifüße, die nach Katzenstreu mit Babypuderduft stinken und einem beim Schmusen liebevoll im Gesicht herum pföteln.

22. September 2013

An diesem schicksalhaften Tag entscheiden Sie, liebe Mitbürgerinnen und Mitbürger der Bundesrepublik Deutschland, mit Ihrer Stimmabgabe über die Zukunft unseres Landes, das ja auch das Ihre ist. Dies ist eine große Verantwortung, derer Sie sich bewusst sein sollten.

Die stetig steigende Zahl der Nichtwähler ist eines jener ungelösten Rätsel, die beunruhigten Demoskopen allnächtlich den Schlaf rauben. Ein jahrzehntelanges gewissenhaftes Studium aussagekräftiger Statistiken aus seriösen Quellen weist die Institute nun erstmalig auf eine heiße Spur: Zeitgleich mit der Anzahl der Nichtwähler steigt nach ersten Erkenntnissen auch die Anzahl der Haushalte, die Katzen beherbergen. Statistiker meinen hier erste Anzeichen eines Zusammenhanges entdeckt zu haben.

Ein Blick in einen solchen Katzen beherbergenden Haushalt scheint die Vermutung zu untermauern. Bianka T., Mitte vierzig, kinderlos , Verkäuferin, drei Katzen – der wahlberechtigte Alptraum jeder Partei. Anstatt die Renten zu sichern oder sonst was Sinnvolles für die Sozialgemeinschaft zu tun, pusselt die Bürgerin T. ständig nur mit ihren vollkommen nutzlosen Haustieren rum, für die die Kommunen nicht mal Steuern eintreiben können! Und das bisschen Mehrwertsteuer, das der Staat von T. für Tonnen von Futter, Katzenstreu und so bescheuerte Kinkerlitzchen wie Fummelbretter oder Rascheltunnel kassiert, das macht den Kohl ja wohl auch nicht fett!

Da kann man ja wohl mit Fug und Recht erwarten, dass Menschen wie Frau T. wenigstens am Tag der Bundestagswahl zur Rückbesinnung auf ihre bürgerlichen Pflichten bereit sind. Doch was offenbart uns ein Blick in die mit Haaren und Katzenstreu verunzierte Wohnung der Frau T.? Anstatt im Sonntagsstaat pflichterfüllt dem Wahllokale zuzueilen, sehen wir die Bürgerin im Fahrraddress auf ihrem besudelten Küchenfußboden herum kriechen und vor sich hin murmeln: „Wo ist denn jetzt diese Sch…-Wahlbenachrichtigung, die lag doch die ganze Zeit auf dem Küchentisch?", während ihre ebenso unerzogenen wie übergewichtigen Haustiere sie munter umspringen und dabei scheinheilige Gesichter machen.

Letzten Endes findet sich das gesuchte Dokument unter der Fußmatte, auf der Bianka T. ihre Katzen zu füttern pflegt. Abgesehen von der durch nichts zu entschuldigenden Respektlosigkeit einem wichtigen staatstragenden Dokument gegenüber wirft dieser erschütternde Einblick die Frage auf, in wie vielen Katzenhaushalten noch die Wahlbenachrichtigungen der Katzenhalter unter Katzenfutterfußmatten, Katzenklos und Katzenkinkerlitzchen von den nutzlosesten Haustieren unserer Nation verborgen gehalten werden, sodass ihre Halter den ganzen Sonntag lang auf allen vieren durch die Hütte kriechen, anstatt zur Wahl zu gehen!

Im Falle von Frau T. kam es nach der Entdeckung der Wahlbenachrichtigung unter der Katzenfutterfußmatte immerhin noch zu einem kurzen Abstecher zur Wahlurne, bevor die gewissenlose Bürgerin zu einer mehrstündigen Radtour durch das nebelverhangene Münsterland aufbrach, von wo sie von Eichbäumen herab gefallene herbstliche Baumfrüchte als Katzenspielzeug mitbrachte. Und anstatt nun fähnchenschwenkend die ersten Hochrechnungen am Fernseher zu verfolgen, sitzt Frau T. schon wieder auf dem Sofa und lacht sich einen Ast über drei blöde Viecher, die Eicheln über die Fliesen kullern.

Da darf man sich ja wohl nicht wundern!

25. September 2013

Ich denke, es ist belegt: Katzen untergraben das System mit ihren demokratiefeindlichen Aktionen und streben nach der Weltherrschaft! Gipfel der Raffinesse ist hierbei die Platzierung von Schläfer-Katzen, die nichts anstellen und uns glauben machen sollen, es gäbe auch ganz artige Tiere dieser Art. Doch Vorsicht, sage ich, denn ich habe die perfide Absicht längst durchschaut: Die Schläfer-Katzen tun nur so artig, um uns einzulullen und die Geheimdienste zu täuschen! Nachts treffen die sich alle heimlich in Wurmlöchern und spinnen weiter an ihren konspirativen Plänen, und wenn man in einer kalten mondlosen Nacht hinaus lauscht in den unendlichen Äther, dann kann man es hören: Das diabolische Gekicher der geheimen Katzen-Weltverschwörung!

Meine drei Mitbewohner gehören ganz offensichtlich nicht zur Schläfer-Fraktion. Lilly trägt bereits seit längerem ein Button mit der Aufschrift „Absolutistische Monarchie – ja bitte!", und die Kater sind Vorstandsmitglieder im Anarchisten-Verein. Am Tag nach der Wahl durfte ich noch nicht mal die Wahlergebnisse lesen, weil Fritz mit seinem Hintern auf der Wahl-Sonderseite der Zeitung saß. Die Macht im Staate geht vom Kater aus, das Lesen unabhängiger Presseerzeugnisse ist mit Ohrenkraulen nicht unter drei Stunden zu bestrafen!

Auch meine Bewegungsfreiheit wird von Tag zu Tag mehr eingeschränkt. Dass ich von acht bis halb sieben außer Haus bin, um Geld für Streu und Futter ranzuschaffen, das ist ja noch im Sinne der Revolutionären Zellen. Dass ich aber im Urlaub einfach so einen ganzen Tag lang mit einer Freundin in Münster herum bummle, um den neu renovierten Dom zu bestaunen und sämtliche Buchläden zu durchkramen, um dann mit einer unverzeihlichen Verspätung von anderthalb Stunden nach Katzenfütterungszeitpunkt nach Hause zu kommen – das gehört mit umstürzlerischen Aktionen sanktioniert!

In diesem Falle richtete sich die umstürzlerische Aktion gegen den zerfledderten Ledersessel, den ich einst bei ebay günstig ersteigert hatte. Zwei ächzende Helfer schleppten ihn die steile Treppe zu meiner Wohnung hoch, und ich hatte nicht das Herz, seine sofortige Wiederherunterschleppung anzuordnen. Das prachtvolle Möbel kam offensichtlich aus einem Katzenhaushalt, dessen Spuren es deutlich zu Tage trug, weswegen es folgerichtig als Kratzbaum eingestuft und entsprechend genutzt wurde.

Nun lag die tonnenschwere Zierde meines Wohnzimmers auf dem Rücken und streckte anklagend die Füße in die Luft. Wie die Stubenguerilla das geschafft hat, ist mir ein Rätsel.

Aber ich hatte die Warnung verstanden und blieb für den Rest meines Urlaubs mit einer Erkältung zu Hause.

29. September 2013

Und wieder neigt die Waagschale des Weltenlaufs sich hin zum Herbste. Verstummt ist aller Vogelsang, verblasst der Sonne warmer Schein. Ein scharfer Wind aus Nord treibt die Gänse hin zu milderen Gefilden, und wehmütig folgt ihnen unser Blick, wie sie hinweg ziehen über die Wipfel welkender Bäume. Einen letzten stummen Gruß entbieten wir ihnen, den sommerlichen Gefährten der Badeseen, bevor wir den Liegestuhl zusammen klappen und uns zurück ziehen in die stille Stube zu Rollkragenpulli und Strickpantoffel.

Ja, nun bricht sie wieder an, die graue Zeit der kalten Füße und der Heizkostenabrechnung. Wie sagt der Dichter: Wer jetzt kein Haus hat, baut sich keines mehr, wer jetzt allein ist, hat keine Sägespäne auf dem Sofa. Wohl dem, welcher die Schrecken dunkler Wintertage nicht zu fürchten braucht, da er, weit entfernt von aller Einsamkeit, drei liebliche Kätzlein zur Gesellschaft hat! Glücklich preise sich ein jeder, dessen Heim im goldenen Schimmer seiner schnurrenden Gesellschaft erstrahlt. Behaglich gemummelt in eine wollene Decke, verträumen jene Glücklichen manch neblig trübe Stunde auf dem Kanapee, umgeben von Kätzchen und Sägespänen.

Sägespänen? Wieso ist eigentlich meine Couch voller Sägespäne?

Okay, wie üblich bin ich im Urlaub krank geworden, habe Fieber bekommen und gerade ein Buch über Rilke, Kokoschka und diverse andere Neurotiker der anbrechenden Moderne gelesen, während sich meine drei Hausgenossen alle erdenkliche Mühe gaben, mein Krankenlager zur Katzenkuschelwiese und damit zu einer äußerst unbequemen Liegestatt für mich zu machen. Aber jetzt sollte ich wirklich mal damit aufhören, schwülstige Herbstelegien abzusondern und mich der Frage widmen, wo diese verdammten Sägespäne herkommen!

Ziemlich mannhaft für eine bettlägerige olle Katzentrulla raffte ich mich auf, schlüpfte in meine sagenhaft unvorteilhaften Puschen und schlurfte der Spur der Sägespäne hinterher zur Balkontür. Sägespäne, Sägespäne … hat Flori meinem Vermieter etwa die Kettensäge heimlich weggemopst? Nicht auszudenken, was er damit anzustellen imstande wäre! Eines Tages komme ich nach Hause, und er hat die Tür zur Rumpelkammer auf- und die Gastherme abgesägt! Nein, es wäre vollkommen unverantwortlich, dem nicht nachzugehen, Fieber hin, Rilke her.

Die Spur der Sägespäne wurde auf der Fußmatte stärker. Offenbar war ich auf der richtigen Fährte. Des Rätsels Lösung musste sich draußen vor der Tür befinden,

was mich in gewisser Weise erleichterte, da die Rumpelkammertür sich drinnen hinter der Tür befand. Es bestand also schon mal keine Explosionsgefahr.

Dennoch beschloss ich, die Sache nicht auf sich beru-
hen zu lassen, sondern ihr weiterhin gewissenhaft nachzugehen. Heroisch meinen wehen Kopf und meine triefende
Nase ignorierend, pirschte ich mich vor. Die Spur war
jetzt ziemlich deutlich erkennbar und führte auch schlech-
tere Trapper als mich unübersehbar zur Bank, unter der
ich meinen Wintervorrat Holzbriketts für den Ofen gela-
gert hatte …

Hatte. Gänse, Nordwind, Rollkragenpulli … und ein
weiteres untrügliches Indiz für das Herannahen des Winters, welches auch den letzen Hauch des Zweifels beseitig-
te: Lilly hatte in der für sie charakteristischen emsigen
Fleißarbeit meine Pressspanbriketts wieder in ihren Ursprungszustand zurück versetzt und sich unter der Bank
ein schönes warmes Nest daraus gebaut!

Kein Zweifel. Es wird Winter.

6. Oktober 2013

Weil ich allen häuslichen Widerständen zum Trotz
stets brav meinen bürgerlichen Pflichten nachgekommen
bin, hat mir die Staatsmacht als Dank einen Feiertag zum
Geburtstag geschenkt. Ich weiß das sehr zu schätzen,
denn ohne geschenkten Feiertag können Geburtstage
äußerst lästig sein. Am Geburtstag wird man häufig von
Gästen heimgesucht, die irgendwo sitzen und Kuchen
essen wollen, und wenn sie damit fertig sind, wollen sie
auch noch ohne Katzenhaare nach Hause gehen. Welche
Eruptionen sie mit ihrem unreflektierten Anspruchsden-
ken im festgefügten Tagesablauf eines Katzenhaushalts
auslösen, daran verschwenden Geburtstagsgäste für gewöhnlich keinen Gedanken.

Dabei sind die Verwerfungen von gewaltiger Natur und stören oft noch lange über den Geburtstag hinaus die häusliche Routine mit ihrem Nachhall. Kuchen müssen gebacken, Möbel gerückt und die Wohnung gründlich geputzt werden. Und wenn dann alles fertig ist und die Katzen eh schon schlechte Laune haben, weil sie keine Eier klauen durften und die Katzenhaarschutzdecke vom Sofa ins Schlafzimmer verbannt wurde, dann kommen auch noch fremde Leute ins Haus getrampelt!

Lilly ward ab dem ersten Läuten an der Tür für den Rest des Tages nicht mehr gesehen und fand sich später hinter der Waschmaschine wieder, während Fritz wie üblich auf dem Kleiderschrank Zuflucht suchte. Flori beschäftigte sich eine Weile mit den Taschen und Jacken der Gäste, bevor er sich der Kaffeetafel zuwandte und auf dem Stuhl eines nicht erschienenen Gastes Platz nahm. Von dort aus schaute er missmutig auf der Kaffeetafel umher. Unerhörterweise war sein Kuchenteller leer geblieben und wurde trotz auffordernder Blicke an das ihm gegenüber sitzende Geburtstagskind nicht aufgefüllt.

Flori verlieh seinem Aufruf nach mehr Gastlichkeit durch Pföteln mit der Kuchengabel dezent mehr Ausdruck, worauf das Geburtstagskind ihm die Kuchengabel wegnahm. Unverschämtheit!

Nun wurden drastischere Methoden angewandt. Für leere Kuchenteller ist kein Platz an einer Tafel, an der ein Flori sitzt. Der Kuchenteller wurde mit der Pfote in Richtung Tischkante gezogen, wo er in letzter Sekunde vom Geburtstagskind ergriffen wurde, worauf Flori sich der Kaffeetasse zuwandte, die die gleiche Richtung einschlug und gleichfalls im letzten Moment gerettet wurde.

Der Augenblick, in dem die schändlich unaufmerksame Gastgeberin in beiden Händen ein Geschirrteil hält, ist der Moment, in dem der vernachlässigte Kater sich zu helfen weiß und sich nach einem beherzten Sprung auf die Mitte der Tafel einfach selbst aus der Sahneschüssel bedient. Unter dem tosenden Applaus der Gäste für seine Heldentat wurde Flori ergriffen und davon getragen.

Einzig die Mutter der Gastgeberin hatte an der Darbietung etwas auszusetzen: „Jetzt pass doch mal besser auf den Flori auf, nachher hat der wieder Durchfall, du weißt doch dass er's nicht verträgt!"

Happy Birthday to me ...

13. Oktober 2013

FSK 18

Die folgende Episode enthält verstörende Szenen und ist für Heranwachsende unter 18 Jahren nicht geeignet!

Ich hätte die blöden Tierschutz-Flyer nicht herum liegen lassen sollen. Ich bin mir ganz sicher, dass die Flyer schuld sind an den widerwärtigen Szenen, die sich wieder und wieder vor meinen schockierten Augen abspielen, seit ich vom Flyer-Verteilen müde heimkehrte und den spärlichen Rest meines Informationsmaterials achtlos auf dem Schreibtisch liegen ließ, wo Flori es herunter warf, sodass es vor Fritzens Nase nieder segelte.

Fritz schob die Faltblättchen eine Weile umher, entfaltete sie und runzelte mit einem Male die Denkerstirn. Ka-Kastra-Kastrawas? Kastration?!

Da muss sie sich Bahn gebrochen haben, jene lang verschüttete Erinnerung an eine Zeit, da die Säfte in seinem jungen Katerkörper sich zu regen begannen und der Frühling seines Lebens erste verheißungsvolle Triebe zu entfalten sich anschickte. Eine Verheißung, die niemals zur Erfüllung gelangen durfte! Mit einem Male war alles wieder so gegenwärtig. Die Transportbox. Der Mann im weißen Kittel. Der kleine Pieks und der lange Schlaf ... und oh! Das Erwachen, dieses traurige Erwachen im tiefsten Winter seiner Männlichkeit!

Die Tierschützer, so musste Fritz nun lesen, die Tierschützer hatten ihm dieses Schicksal bestimmt, und sein eigenes geliebtes Frauchen war eine von denen und unterstützte das schändliche Tun auch noch mit ihrer Flyer-Verteilerei, auf dass die Botschaft hinaus getragen werde in Tierarztpraxen und Zoohandlungen. Verrat! Schande! Seine ureigene Bestimmung, seinen fabelhaften Genpool weiterzugeben und die ganze Welt mit seinen Nachkommen zu bevölkern, hatten die einfach so im wahrsten Sinne des Wortes beschnitten. Denen würde er es aber zeigen!

Einige Tage lang war Fritz sehr nachdenklich und in sich gekehrt, dann begann er, beim Toben Flori am Nacken zu packen. Der Diktatur der Tierschutz-Mafia musste man mit geballter Katermacht entgegen treten! Sie können uns unsere Bömmel nehmen, aber nicht unsere Manneskraft!

Flori indes hatte den Flyer nicht gelesen, war für Missionen nicht zu haben und für Missionarsstellungen schon mal gar nicht. Unter entrüstetem Gemecker wurde Fritz abgeschüttelt, Flori entschwand durch die Katzenklappe, und Fritz blieb unerfüllt zurück. Ob vielleicht Lilly … äh, nee, blöde Idee.

Einsam und getrieben suchte Fritz nun Zuflucht auf dem Sofa, wo das Personal unter einer Wolldecke lag und eine schockierte Miene zur Schau trug. Fritz erkletterte ein Personalbein und begann zu treteln.

Hmmm …

Das bewolldeckte Personalbein war flauschig und warm, und vorne dran guckten sogar Zehen in die Luft. Kastration ist Tierschutz? Jetzt pass mal gut auf, was ich von deinem Sch…Tierschutz halte!

Fritz verbiss sich herzhaft in die Zehen und klemmte sich am Personalbein fest. Das Personal schrie „Iiieeh" und „Aua" und „Fritz geh runter", aber Fritz war voll in Fahrt und nicht gewillt, diese Unterdrückung seiner natürlichen Bestimmung weiter zu erdulden. Vielleicht war das auch gar nicht so schlecht, Spaß kann man auch haben, ohne die Welt mit seinen Nachkommen zu bevölkern, und man kriegt am Ende nicht mal eine Ohrfeige. Cool!

Fortan freute sich Fritz immer ganz besonders auf die gemütlichen Abende auf der Couch. Wozu ihm das Personal allerdings den doofen Stofftiger mitgebracht hat, das ist ihm nach wie vor ein Rätsel.

20. Oktober 2013

Wenn man so darüber nachdenkt, an einem trüben Herbsttag beispielsweise, dann gleichen das männliche und das weibliche Prinzip irgendwie den Wechselobjektiven analoger Kameras. Das lange Teleobjektiv fokussiert nur einen Ausschnitt, den es überdimensional zu vergrößern vermag. Das unscheinbare kleine Weitwinkelobjektiv hingegen erfasst einen viel größeren Blickwinkel mit all seinen Details und Facetten.

Genauso verhält es sich mit der Funktionsweise männlicher und weiblicher Gehirne. Ein Katergehirn beispielsweise registriert nur: No Bömmels – no fun. Ein recht selektiver Blick auf das große weite Themenfeld „Die Fortpflanzung und ihre Vor- und Nachteile." Das Katzengehirn hingegen erhellt, ähnlich dem Weitwinkelobjektiv mit seiner kürzeren Brennweite, einen weit größeren Bildausschnitt derselben Thematik. Dem Katzengehirn bleibt auch gar nichts anderes übrig, denn nachdem der Kater seinen Fokus nach erfolgtem Akt bereits auf die nächste Dame richtet und leichtfertig davon stiefelt, hat die Katze den ganzen Salat mit der Mutterschaft. Eine Wurfhöhle muss gebaut, eine Schwangerschaft ertragen werden, und dann hat man noch die ganze Arbeit mit der Aufzucht, während der Kerl durch die Gegend zieht und sein Erbgut weiter gibt.

Und während Fritz weiterhin sein Los betrauert, ist Lillys Blick auf die Realitäten des Lebens von weit mehr Pragmatismus geprägt. Die Kinderaufzucht ist kein Ponyschlecken! Selbst ein Adoptivkind fordert der verantwortungsbewussten Mutter ein hohes Maß an Disziplin und Opferbereitschaft ab – Dinge, die Kater mit ihren Teleobjektiv-Hirnen gar nicht auf dem Schirm haben!

Zum Beispiel wird der arme Flori dank der Saumseligkeit des Personals nie richtig satt. Lilly muss ihm immer noch was von ihrem Essen abgeben, aber selbst das reicht nicht aus, weil ja generell immer viel zu wenig auf den Tellern ist. Um das dicke Kind anständig zu ernähren, ist Lilly gezwungen, allabendlich in der herbstlichen Kälte auf dem Balkon auszuharren und auf Beute zu lauern. Frierend und einsam hockt sie in ihrem selbst gebauten Nest unter der Bank und wartet geduldig, bis eine Motte in Reichweite ist. Die wird dann geschickt bewusstlos geschlagen und unter aufgeregtem „Mmmmpp Mmmmpp" ins warme Wohnzimmer getragen. (Mit vollem Mund spricht es sich sehr schlecht.) Dann muss sich der gesamte Hausstand um Lilly scharen und Beifall klatschen, und Flori darf zum Schluss die Motte aufessen.

Das absolute Highlight in Lillys Mutterlaufbahn war die Erbeutung ihrer ersten Maus in der vergangenen Woche. Nach beinahe vierzehn Jahren Wohnungshaltung und ganz ohne Gebiss die erste Maus! Lilly war total von sich begeistert und brachte aufgeregt quietschend ihre Beute ins Wohnzimmer, wo sie sie stolzgeschwellt auf dem Teppich nieder legte. Das Personal lag gerade mal wieder nutzlos auf dem Sofa herum und kommentierte die Heldentat mit einem gelangweilten: „Hast du wieder eine Motte gefangen?"

Motte! Pfff! Guck doch mal richtig hin, du unfähige Transuse!

Das Personal guckte richtig hin, aber anstatt in Begeisterungsstürme auszubrechen, fing es hysterisch an zu kreischen, Lilly solle gefälligst sofort die Maus wieder raus bringen, es würden keine Mäuse auf dem Teppich gefressen, und überhaupt wünsche es nicht, dass Mäuse gefangen und ins Haus gebracht würden!

Äußerst indigniert nahm Lilly die Maus wieder an sich und verschwand auf den Balkon. Immer wieder bewahrheitete sich doch die alte Floskel, wie schwer es heutzutage sei, gutes Personal zu finden. Keine Mäuse fangen, also wirklich. Sind wir hier bei Goldfischs?

Das Personal sprang unterdes vom Sofa, warf Flori auf den Balkon, der neugierig des Weges kam, und verriegelte die Katzenklappe. So eine Unverschämtheit! Man sollte wirklich mal über eine Abmahnung nachdenken.

Vorerst jedoch herrschte Partystimmung auf dem Balkon, zumindest bei Flori, dem die Maus liebevoll kredenzt wurde. Eine Spielmaus! Toll! Und die riecht sogar nach Maus! Glücklich schleuderte Flori die Maus durch die Lüfte, fing sie wieder auf, rollte sie auf dem Boden herum und war gar nicht mehr zu beruhigen. Das Personal auch nicht. Dem Personal war eingefallen, dass Flori seinen Spielmäusen immer den Schwanz und die Ohren abreißt, und nun war dem Personal ein wenig übel, und es kam zu dem Schluss, dass die Maus in der Mülltonne besser aufgehoben sei als in Floris Pfoten.

Zu Lillys nicht enden wollender Entrüstung trampelte das Personal auf den Balkon, entwand dem armen hungrigen Kind nach minutenlangem Kampf seine Maus und verschwand, die Beute auf einem Kehrblech vorsichtig balancierend, in Richtung Mülltonne. Diese dumme Trine! Erst die Teller nicht richtig voll machen und dann auch noch den Nachtisch klauen! Unfassbar!

Einzig in Fritzens Augen fand das Eingreifen des Personals ein wenig Beifall. Fritz hatte die ganze Zeit über auf dem Tisch gesessen und sich entsetzlich gefürchtet. Immerhin ist so eine Maus ja noch viel größer als eine Fliege oder eine Zwerggarnele, und wer weiß, ob die sich nicht nur tot gestellt hatte …

Wer auch immer den Ausdruck „Samtpfote" für die Katze geprägt hat, der hat Flori nicht gekannt. Flori hat ziemlich große Füße, auf denen er grobmotorisch durchs Leben stampft, und manchmal, wenn Flori schwerfällig ein Möbelstück erklimmt, das seine Artgenossen mit einem eleganten Satz erobern, dann wendet sich das Personal diskret ab und geht schaudernd fort.

Ob es nun am mangelnden Gleichgewichtssinn aufgrund seiner Taubheit liegt, an der Leibesfülle oder ob er schlicht unsportlich ist – Flori kann einfach nicht so gut springen wie andere Katzen. Er weiß sich aber zu helfen. Wenn alle auf dem Kleiderschrank an der Tapete kratzen, dann will Flori schließlich auch mittun. Also wird der etwas kleinere Dielenschrank aufgepfötelt und von Schrankfach zu Schrankfach in die Höhe gehangelt. Von dort aus ist es nur noch ein kleiner Hupf auf den größeren Kleiderschrank. Ein Hupf, den selbst Flori ohne nennenswerte Schwierigkeiten meistert.

Das Herunterkommen gestaltet sich dann schwieriger, aber auch hier hat Flori eine perfekte Strategie entwickelt: Er setzt sich auf den Hintern und brüllt so lange, bis das Personal mit einem Stuhl anrückt, auf den es unter allerlei Unmutsbekundungen klettert, um von dort aus die rettenden Arme nach dem gestrandeten Freeclimber auszustrecken. Fröhlich schnurrend stellt Flori alsdann seine Vorderpfoten auf die Personalschultern und lässt sich fallen wie ein nasser Sack. Bislang hat das Personal ihn immer noch aufgefangen.

Die Hinsetz-und-Brüll-Strategie funktioniert aber auch in Situationen, die sich zwar in weniger luftiger Höhe, aber in nicht minder prekären Lagen ereignen. Wenn man zum Beispiel wieder mal die Rumpelkammer geentert hat und in den Altpapierkorb im Regal geklettert ist, wo man dann unversehens fest steckt, weil der Altpapierkorb schon ziemlich voll ist und man seinen dicken Hintern nun nicht raus bekommt.

Okay, man könnte sich auch einfach irgendwie da raus winden, wozu ist man eine Katze und verfügt über ein Skelett, das 40 Knochen mehr hat als das eines ungelenken Menschen? Andererseits wird Fritz soeben mit einem Knabberröllchen aus der Rumpelkammer gelockt, was ja wohl total unfair ist. Flori hätte auch gern ein Knabberröllchen, der Hintern klemmt aber nach wie vor im Altpapierkorb, und die 40 zusätzlichen Knochen sind, wenn man es eilig hat, doch eher ein Hindernis.

Irgendwie schafft Flori es, seine Vorderbeine aus dem Korb zu hieven und damit wild zwischen den leeren Joghurt-Pfandgläsern herum zu rudern, was das Personal und somit das Knabberröllchen zumindest schon mal wieder in die Richtung des Verunglückten dirigiert.

Schlagartig bricht die Hölle los. Flori brüllt, weil er im Korb steckt. Fritz brüllt, weil er jetzt endlich das verdammte Knabberröllchen will. Das Personal brüllt, weil ein Joghurtglas vom Regal fällt. Weil alle brüllen, kommt Lilly angerannt und vervollständigt den Chor.

Das Personal hat mittlerweile geistesgegenwärtig das Joghurtglas aufgefangen, dabei aber das Knabberröllchen im Regal abgelegt. Flori rudert noch wilder mit den Vorderpfoten, während Fritz Klimmzüge am Regal macht. Das Personal brüllt, weil Lilly ihm auf die Zehen haut. Flori brüllt, weil er nicht an das Knabberröllchen kommt. Fritz brüllt, weil Flori nach dem Knabberröllchen angelt.

Das Personal bricht das Knabberröllchen in zwei Teile und schmeißt eine Hälfte so weit wie möglich weg, womit Fritz schon mal aus dem Weg ist. Dann schüttelt es Lilly vom Bein, zieht den verkaterten Altpapierkorb aus dem Regal, stopft die zweite Hälfte des Knabberröllchens in ein brüllendes Mäulchen und schmeißt Flori so weit wie möglich weg, womit auch Lilly endlich aus dem Weg ist.

Das Personal ist wieder einmal froh darüber, keine Nachbarn zu haben, und schließt erst einmal die Rumpel-

kammertür hinter sich, bevor es sich daran macht,
Joghurtgläser und Altpapierkorb wieder ins Regal zu räumen. Einen kurzen Augenblick lang verweilt es dort und
genießt den seltenen Moment der Ruhe, bevor es die Tür
wieder öffnet ... vor der bereits die Diva lauert, die beim
Anblick des Personals umgehend in Geschrei ausbricht.

Ich mag keine Knabberröllchen! Ich will sofort eine
Knuspertasche!

3. November 2013

Halloween war das nackte Grauen. Das Unheil hat
sich in der Villa Lilly eingenistet und entsetzliche Reaktio-
nen ausgelöst, von deren Folgen sich die Haushaltsmitglieder noch immer nicht erholt haben.

Was ist geschehen? Das Personal mal wieder. Immer
dieses dumme Personal! Das Personal hat bei ebay Klein-
anzeigen – nein, kein acht Wochen altes Bengal-Kitten
zum Schnäppchenpreis gekauft. Das wäre ja noch zu
verkraften gewesen. Viel schlimmer: Das Personal hat
einen neuen Sessel gekauft!

Am Morgen nach Halloween verschwand das Personal
für zwei Stunden und kehrte mit dem bösen Mann, der
immer Lilly fängt, und einem schwarzen Sessel wieder
heim. Fritz floh umgehend auf den Kleiderschrank und
Lilly hinter die Waschmaschine. Einzig Flori schlummerte
selig weiter und konnte sich beim Erwachen keinen Reim
darauf machen, wieso seine Freunde auf einmal weg waren und der böse Mann einen fremden Sessel durch die
Wohnung zerrte.

Es kam aber noch schlimmer. Fassungslos musste
Flori mit ansehen, wie sein über alles geliebter alter Ledersessel zur Tür hinaus getragen und die Treppe hinunter
gerumpelt wurde. Diebe! Räuber! Miese Halunken!

Todesmutig rannte Flori den Sesseldieben hinterher,
sprang auf den Tisch im Gehege und rüttelte verzweifelt

am Gitter. Unten lud das Personal gerade mit dem bösen Mann den schönen Rupfsessel ins Auto, stieg ein und fuhr davon. Wie konnten sie nur! Der war doch grade so schön eingekratzt! Und wieso kommt keiner und hilft, das Verbrechen zu verhindern!

Genau. Wieso eigentlich nicht? Wo stecken die bloß alle?

Aufgeregt schlüpfte Flori wieder in die Wohnung und suchte nach seinen Gefährten. Fritz saß mal wieder auf dem Kleiderschrank. War ja klar. Alte Memme! Verächtlich wandte sich Flori ab und machte sich auf die Suche nach Lilly. Lilly würde ihm bestimmt helfen, die Diebe zu fangen und in Stücke zu reißen.

Das hatten die Diebe offensichtlich auch erkannt, denn sie hatten Lilly eingekerkert. Der böse Mann war nämlich im Bad gewesen und hatte beim Verlassen die Tür zugemacht. Und im Badezimmer saß Lilly hinter der Waschmaschine. Flori erzählte Lilly, dass Diebe da gewesen seien und den Sessel geklaut hätten und dass der doofe Fritz sich schon wieder angstschlotternd auf dem Schrank verschanzt habe. Lilly erzählte Flori, auf was sich das Personal beim Heimkommen gefasst machen könne. Flori postierte sich erwartungsfroh im Flur, weil er auf keinen Fall verpassen wollte, wie das Personal nach Hause kam und die Badezimmertür aufmachte. Selbst Fritz stieg wieder vom Kleiderschrank herab, um eine neue Folge „Lilly Painclaw Massacre" zu verfolgen.

Zum Glück trug das Personal beim Heimkommen und Badezimmertüröffnen noch seine winterlichen Stiefeletten, sonst hätte es zum Abendessen Fußgeschnetzeltes gegeben. Ohrenstöpsel trug es leider nicht und litt noch lange unter dem Nachhall dessen, was Lilly lautstark zu sagen hatte, als der mit Spannung erwartete Moment der Türöffnung eintrat. Fritz verzog sich zur Abwechslung mal auf den Küchenschrank, Lilly drehte eine Kreischrunde durch die Wohnung, und Flori hüpfte auf den neuen Sessel und kotzte erst mal drauf.

Man kann sich ja schließlich nicht alles gefallen lassen!

Anlässlich meines einjährigen Thronjubiläums habe ich dem Personal einen wohl verdienten Tag der Ruhe vergönnt und mich dazu herab gelassen, mich höchst persönlich dem jubelnden Volke kund zu tun.

Alter! War das eine beschissene Zeit vor genau einem Jahr. Mein altes Personal war als Untertan überhaupt nicht geeignet, weswegen ich mich auf einmal mitten im verregneten November unversehens in einer ganz neuen und höchst unangemessenen Existenz als Straßenkater wiederfand. Das war ja gar nichts für mich! Mäuse jagen, Mülltonnen durchwühlen und in irgendwelchen zugigen Garagen schlafen? Nee, danke, nicht mit mir!

Ich bin dann erst mal in so eine Schrebergartenkolonie gestiefelt und hab da so treuherzig ich konnte rum gemaunzt. Da fahren die Untertanen ja normalerweise voll drauf ab und kommen gleich mit Kuschelkörbchen und Futtertellern angerannt. Leider erwiesen sich die Kleingärtner aber auch als Kleingeister. Anstatt mir ein geziemendes Heim in ihrer Mitte zu bieten, machten die sich bloß Sorgen um ihre ollen Rosenbeete und riefen den Tierschutz.

Tierschutz, pah! Geh mir bloß weg mit denen. Erst propagieren die die Kappung meiner königlichen Blutlinie, und wenn man die mal braucht, dann kommen sie angefahren, stopfen einen in eine Transportbox und kippen einen ins Katzenhaus im Tierheim.

Hallo?! Ganz toll. Nicht dass ich unter Minderwertigkeitskomplexen leide, aber hier drin war alles voller Perser und hach so niedlicher Babykätzchen. Wie soll man da als weiß gepfötelter Grautiger auffallen?

Ich musste mir eine Strategie ausdenken. Als die Tierheimleiterin zu mir sagte: „Na, was guckst du denn so traurig?", da hatte ich den rettenden Geistesblitz: Ich setzte mich in eine Ecke und guckte so melancholisch drein wie ich nur konnte. Prompt scharte man sich bestürzt um mich, streichelte mich und kredenzte mir besonders leckeres Essen.

Na ja, schon besser, aber ich war immer noch im Tierheim. Das ist nun mal nicht die angemessene Umgebung für einen Königstiger wie mich!

Eines Tages wurde eine Besucherin ins Katzenhaus gezerrt, die ich auf den ersten Blick als geeignete Untertanin erkannte. Schon wie die was rum stammelte von „wollte doch nur Futter spenden" und „muss ich mir noch überlegen." Die hatte nicht nur das Tierheimpersonal als leichtes Opfer identifiziert!

Aber noch hatte die Tierheimleiterin sie in den Klauen, schubste sie vor den verzotelten Perser und pries den ollen Flokati in den höchsten Tönen. War ja klar. Den wollten die doch bloß wegen der nervigen Bürsterei von der Backe haben! Meine zukünftige Untertanin guckte skeptisch und faselte was von „muss aber zu meinem Jungkater passen." Worauf die Tierheimleiterin sie weiter zerrte in Richtung Babykatzenzimmer.

Das war meine Chance. Auf dem Weg zum Babykatzenzimmer mussten sie an mir vorbei. Ich setzte mich in Positur und legte noch eins drauf. Selbst Chuck Norris wäre bei meinem Anblick in Tränen ausgebrochen.

„Oder der da." sagte die Tierheimleiterin und deutete auf mich. „Das ist der traurigste Kater im ganzen Tierheim."

Die Untertanin blieb stehen, ich guckte noch einen Tacken trauriger und die Tierheimleiterin rieb sich die Hände. „Ooooch." machte die Untertanin und strich mir über den Kopf. „Was ist denn mit dir passiert, dass du so traurig bist?"

Oh Mann. Na rate mal, wo wir hier sind? Im Tierheim. T-I-E-R-H-E-I-M!!! Und jetzt quatsch hier keine Opern, pack mich ein und nimm mich mit, ich will endlich wieder mal in Ruhe pennen.

„Ich glaub ich nehm den da." sagte die Untertanin. „Und der Perser?" machte die Tierheimleiterin einen letzten Versuch, aber im entscheidenden Moment zeigte die Untertanin einen lobenswerten Hang zur Widerborstigkeit: „Nee, ich nehm den da! Der guckt so traurig. Der ist bestimmt total sensibel, das ist genau der richtige Kumpel für meinen Flori."

Ja, genau, gut erkannt. Ich bin mindestens so sensibel wie der erwähnte Flori oder Lilly, die bereits seit einer Weile in meinem neuen Domizil residierten. Wir lachen uns immer einen Ast, wenn die Untertanin vorsichtig rum schleicht und uns den Hintern nach trägt, weil wir ja so sensibel sind.

Nach einem Jahr als Herrscher über meine neue Untertanin kann ich jedenfalls mit Bestimmtheit sagen, dass ich mit meinem unfehlbaren Gespür damals die richtige Entscheidung getroffen habe. Ich kriege immer mein Lieblingsfutter, darf auf dem Sofa pennen, die Wolldecke vergewaltigen und die Tapeten in Kunstwerke verwandeln.

Uns Königstigern ist die Regentschaft über den menschlichen Untertan einfach in die Wiege gelegt. Und wir werden nicht ruhen, bis jeder von uns so einen hat!

Euer Fritz